他人に気をつかいすぎて疲れる人の心理学

加藤諦三

青春出版社

まえがき

なぜ人間関係がうまくいかないのか？

「相手のため」と思っていることが、相手のためではないと気がつくことがある。現実にはなかなか気がつかないが、視点を変えるパラダイム・シフトで、そんな自分に気がつくことはある。

ただ本人は相手のために「ふさわしい努力」をしているつもりで、実は「ふさわしい努力」をしていないことが多い。本人は必死で相手のために頑張っているつもりで、実は自己中心的で独善的で自分勝手なことをしている。

人には思い込みによる不幸というのがある。少し視野を広げれば、少し価値観を変えれば、幸せになれるのに、幸せになれない。

その視点を変えるのがパラダイム・シフトである。視点を変えるということである。多面的な視点で世界を見る。

敵意を持っている人が、好意をもって世の中を見る。対立した気分に陥ることにはならない。

フロムの言う神経症的非利己主義の行動をしていることが多い。したがって頑張った努力は報われない努力になる。

本人は自分が神経症的非利己主義者であることに気がついていない。そこで嘆く。

神経症的非利己主義は非利己主義であるが、それは相手に気に入られるために非利己主義である。いい人と思ってもらうための非利己主義である。

頑張って、頑張って働いて懐かしい思い出も、かけがえのない人間関係も、お金も何も残らない。

無理をして、さらに無理をして尽くして、心の中には何も残らない。ただ消耗する。心が弱くなるだけ。

これがフロムが言う神経症的非利己主義の症状である。

その症状はフロムの言うごとく疲労、抑うつ、愛の関係の失敗などである。努力するのだが、最後には努力が報われない。悔しさが残る。

自分が無意識では病的に利己主義でありながら、そのことに気がついていない。人に迷惑をかけているのだが、迷惑をかけているという感覚がない。

相手は自分に何を期待しているかということを理解する気持ちの欠如した人だからである。

神経症的非利己主義者のしていることが意識ではよい人で、無意識では搾取者である。人に知らせずひそかにする善行を陰徳と言われるが、神経症的非利己主義はその逆である。

徳という仮面をかぶって生への憎しみが現れる。[*1] もちろん本人は自分の無意識の憎しみに気がついていない。

「私はこんなに人々に尽くしています、皆さん見てください」と自分を売り込んでも、人はそのことに気がついていないことが多い。

気を使って消耗していても、だいたい人は見ていない。人を意識しての行動というのは疲れるだけでばかばかしいものである。自分が「こうしたら」、きっと人が「こう思うだろう」ということを期待して行動しても、人はそう思わない。これほど無駄に消耗することはない。

生への憎しみが、徳という仮面をかぶって登場したのが神経症的非利己主義である。[*2]

神経症的非利己主義の人の場合では、本人がどう思っていようとも相手が自分のすることを望んでいないということを理解できない。相手が助けられることを望んでいないのに助けようしていることを理解できない。

恩着せがましい人は、周囲の人との関係が破綻している。

それはカレン・ホルナイが神経症者は冷酷なまでに利己主義か、あまりにも非利己主義であると言ったことにも通じる[*3]。

自分は素晴しいことをしているつもりで、実は相手を殴っている。自分の中の衝動を満足させつつ、自分は聖人だと思っている。

母親で言えば手抜きではあるが一応努力はしている。そこが分かりにくいところなのである。

もしこの母親が完全に怠け者で、子どもの世話を何もしないで毎晩友達とカラオケに行っているなら分かりやすい。子どものためになっていないということは誰にでも分かる。本人も自分は立派な母親でないと思っている。

最悪の親の場合には、子どもの思っていることと母親自身が思っていることと周囲の人が思っていることと一致している。

しかし自己執着で子どものために努力する母親の場合には、子どもの願望と大きな食い違いがある。

本文中に何度か触れるが、「あなたさえ幸せなら、お母さんはどうなってもいい」と言う母親が理解できないことは何か。

それは努力するのだけれども、子どもが成長するために必要とするものを与える努力になっていないということである。そこを母親が理解できていない。

最悪の親は分かりやすいが、最低の親は分かりにくい。

本当に、あなたさえ幸せなら、私はどうでもよければ、そんなことは言わない。

このような人たちは、「心の底が生への憎しみによって満たされていることと、そして非利己主義という正面像の陰には、巧妙にではあるが、強い自己中心性が隠されているということが示されるのである。[*4]

自己執着的対人配慮など、言葉はいろいろとあるが、全て同じである。自己執着的対人配慮をしているから、報われない努力になる。結果は、恨む、悔しい、後悔する、嘆く。

しかし本人は自分が自己執着的で、自分の心を癒すために配慮をしていることに気がついていない。自分が自己執着的人間であることに気がついていないで、人のためと思っている。

「あの人は私の命です」と言ったときに、その人は「私はあの人」を愛していると錯覚する。

しかしそれは強烈な自己執着の表現であることが多い。

あの人への執着をあの人への愛と錯覚する。

あの人とのつながりが、自分の孤独を癒しているかもしれないし、自我価値の剥奪から自分を守ってくれているかもしれないし、何かの利益を与えてくれているかもしれない。

とにかく何か自分の心の葛藤を解決してくれるのが「あの人」の存在なのである。その心の葛藤が深刻なら深刻なほどその人への執着が激しい。そして「こんなにも愛している」と「激しい執着」を「激しい愛」と錯覚する。「あの人は私の命です」と言ったときに、たいていは執着である。自己執着の強い人である。

本当に愛している人はあまりそういう誇大なことを言わないし、自分の愛をものすごいことに思わない。ただ「ひたすらに」愛する。

そもそも理想の自我像実現に向かって努力する人はナルシシストであることが多い。

そういう人には、周囲が「ない」。つまり自分と違った固有のパーソナリティーの持ち主としての他者がいない。

そして本人にとってはその努力は辛い。しかしその辛い努力は報われない。しかし本人は自分がナルシシストであることに気がついていないから、心の底の怒りで人生に疲れてくる。

「苦労している、苦労している」と文句を言いながらも、苦労する生き方をやめない人がいる。

そういう人は、犠牲的役割を演じることによって、相手から同情や愛情を求めているのである。あるいは心の底で相手に罪の意識を要求しているのである。

自己執着的対人配慮をしながら、自分は立派な社会人と思っている。だから悩みは尽きない。毎日が悔しい。

もし、本人が実際の自分に気がついていれば、何よりも周囲の世界の人間の態度が違う。また全く違った種類の人間が周りに集まってくる。

自分がナルシシストでなくなれば、自分の周囲の世界の人間が全く違ってくる。いい顔をしながら人を操作する人間ではない。人を利用する人たちではない。人の痛みを知らない人間ではない。搾取タイプの人ではない。自分さえよければ人なんかどうでもいいという人たちではない。

報われない努力をする人の周りには、ハイエナが集まっていることが多い。愛の仮面をつけたサディストが集まっていることが多い。

悪魔は最も恐ろしいものではない。本当に恐ろしいのは愛の顔をした悪魔である。

本当に恐ろしいのは、弱さに変装したずるい人である。そういう人にとことん剥ぎ取られる。最後の血の一滴まで吸い取られる。

そして丸裸にされて、むしりとられるのは、自分を勘違いしている人である。報われない努力をしている人である。報われない努力をしている人はどちらかというと、お人よしで心理的には執着が強くて、幼稚である。

今までの人生で、「こんな恐ろしいことに出会ったことはない」と言うような体験をしている人は、まず自分を見つめることである。

自分は非利己主義者と思っていたが、全く反対で強欲な利己主義者ではないか？

自分は相手を愛していると思っていたが、自分の幼児性から相手に執着していたただけではないか。愛していると思っていたが、相手から搾取していただけではないか。搾取していることに気がついていないほど、自分は幼稚で、自己中心的ではないか。

自分は、自分が思っている自分と、本当の自分とは正反対な人ではないか？

それに気がつけば、違った世界が見える。まさにパラダイム・シフトが起きる。

悩みは、自分が何に動かされているかが分かれば解決する方向に向かう。

自分は嫌いな自分に執着していないか。嫌いなあの人に執着していないか。

自分が嫌い、でも自分を素晴らしく見せる努力をしていないか。

あの人が嫌い。でもあの人によく見せる努力をしていないか。

人が嫌いなくせに、人から嫌われることを避けようとする努力をしていないか。

ハワード・ガードナーの『Creating Minds（創造する精神性）[*5]』という本にガンジーのことが書かれている。

かつて彼は自分のことをこう述べていた。私は平均以下の能力しかない平均的な人間である。しかし気にしない。

それはなぜか。知的発達には限界がある。しかし心の発達には限界がない。

自分の人生は失敗の連続であったと劣等感を持ち、不幸な人がいる。

しかしこの認識は違う。

失敗の連続によって不幸なのではない。人からよく思われたい、人によい印象を与えたいという依存欲求で不幸なのである。

　自分の価値が他人から評価されることに頼れば頼るほど、傷つくことが多くなる。

　人が言った何気ない一言で心が深く傷つくことがある。

　人の言った、ささいな一言で怒りを感じる。相手のちょっとした態度で不愉快になる。

　そのように怒りを感じたり、不愉快になるのは、その言葉で自分の価値が否定されたと感じるからである。

　そして怒りから相手を責める。その怒りが直接表現されないときには、内にこもって不愉快になる。さらには進んで憂鬱になる。そして自分が憂鬱になった原因は相手だと思い込む。

　しかし不愉快になった本当の原因は、相手の態度や言葉ではなく、自分の心の中にある。つまり自分の価値を他人の評価に頼る心の姿勢である。

　その心の姿勢こそ日々の不愉快の本当の原因なのだが、それに気がつかない。

「自分の価値が他人に頼れば頼るほど、自分を卑しめる機会が増える[*6]。」

　長いこと努力しても幸せになれない人は、自分の不幸の原因を間違って解釈している場合が多い。

　この本では不幸の本当の原因は何なのかを考えた。

「何度、私たちは人々が〝頑張る〟のを目にしたことでしょう。そして、そのたびに私たちは彼らをなだめることができたなら、つまり彼らがしていることを切りつめさせることができたなら、彼らが自分の不安や憎悪や、あるいは見当違いな高望みを自分の中につちかうのをやめてくれるのではないかと、本能的に感じていたのです[*7]。」

核ができていない人の努力は報われない。人間の心の中がスカスカなのである。心の空洞化である。人間がドーナッツみたいになっている。

ネコの足と犬の足は違う。だからネコの生き方は不自然にならざるを得ない。ところがこうして、もともとはネコのような動物をイヌとして育てるような親は、その不自然になったネコを軽蔑する。「そのままでいいんだ」というような言い方をする。

自分が「そのままで」いられないように育てておいて、「そのままでいいんだ」と言う。

こういう育てられ方をすると、どうしても自分がなんだか訳が分からなくなる。

ネコは努力すればするほど、人生が行き詰まる。そして「こんなに努力しているのに」と嘆く。

自分がなんだか訳が分からないままに一生懸命に努力をして、最後には「自分だけが不幸」という感じ方になる。

他人に気をつかいすぎて疲れる人の心理学　目次

第2章

自分の中の「心の呪縛」に気づく

——他人にいい顔をしてしまう人には「ずるい人」が集まる理由

第3章

他人を優先して無理しないほうが人生はうまくいく

――「良かれと思ってやっているのに…」の心のカラクリ

本文デザイン　岡崎理恵

第1章

なぜ気をつかうことで消耗してしまうのか

――報われる努力、ムダになる努力の違い

1 こんな動機で他人の期待に応えようとしていないか

なぜ期待に応えようとするのか

同じ嘘《うそ》をつくのでも動機はいろいろとある。

相手を騙《だま》すために嘘をつく人。

自分を飾るために嘘をつく人。

尊敬されたくて嘘をつく人。

愛を求めて嘘をつく人、「できないことをできないと言えない」。

動機は人が感じること。

この人は「騙すために嘘をついているな」と感じる。それが心で考えるということである。

非利己主義と利己主義は行動特性は全く違うが、性格特性は同じように見える場合がある。

行動は非利己主義に見えるが性格は神経症者ということを理解していない人は多い。

神経症者は冷酷なまでに利己主義か、あまりにも非利己主義である[*8]。

他人の期待に応えることが、本当に美徳なのは、他人への愛を動機として応えるときである。

認められたいから他人の期待に応えようとすることとは行動特性である。行動特性で物事を判断してはいけない。

不安から他人の期待に応えるのか、愛情から他人の期待に応えるのかが性格特性である。

報われない努力か、報われる努力かの問題は行動特性ではない。性格特性の結果である。

行動は見えるが、性格はその場では見えないことがある。

生きるのが辛い人は、世の中の全ての美徳を、自分の心の中で再検討しなければならない。

世の中の全ての美徳は性格特性で判断しなければならない。

行動特性としての美徳は、時に人を地獄に連れて行く。人に絡むからである。

この世の中で怖いのは悪魔ではない。美徳という仮面をかぶった悪魔である。

日本人を不幸にしているのは、この美徳という仮面をかぶった悪魔である。美徳という仮面をかぶった悪魔は、本人は美徳の人と思い込んでいることが多い。

行動特性と性格特性が違うという認識が欠如しているために様々な間違いが起きている。

愛に基づく厳しい教育が疎《おろそ》かにされる。体罰という名の下に禁止される。志の高さと、「〝べき〟の暴君」が混同される。

愛情からの厳しさと、憎しみからの厳しさが混同される。

厳しいという行動特性が同じために、性格特性の違いが無視される。

その結果、「悟り世代」という驚くべき誤解が生じる。単なる精神活動の不活発さを「悟り」と称する人まで現れる。要するに怠け者で、人の物をとることだけを考えている人まで「悟り」と誤解する。

道徳的衝動が、無視される。we-feeling も無視される。

これが現代の閉塞感の根源である。

社会的感情からの努力は心の安定をもたらすが、劣等感からの努力は、より深刻な不幸をもたらす。愛情からの努力は心の安定をもたらすが、劣等感からの努力は、さらに大きな不幸をもたらす。

「心理的健康な努力」と「神経症的努力」

社会的成功をして、私的生活が破綻している人の社会的成功は劣等性の過剰補償であることが多い。努力はしている。でも社会的感情がない。

励ましあって生きる仲間意識がない。

劣等性が劣等感を生み、過剰補償をする。社会的にはうまくいって、それが社会的成功になる。

その過程には強迫的名声追求があった。

「心理的健康な努力（healthy strivings）と神経症的努力（neurotic drives for glory）の違い[*9]」がある。

努力する前に、自分が今している努力が「心理的健康な努力」か、「神経症的努力」かを理解することが先決である。

心理的健康な努力は「その人固有の、持ち前の、生得の（inherent in human beings）」「好み、傾向（a propensity）」から生まれる。

神経症的努力との違いは「自発的努力か強迫的努力か」[*10]である。

強迫性とは、その努力は辛いけれども止められない。危険を避けるための努力だから。

限界を受け入れているか、受け入れていないか。

結果に焦点を当てているか、過程に焦点を当てているかである。

「隠された真の動機」を見つけだせ

悩みは、「自分が何に動かされているか?」が分かれば解決に向かう。

「これがトラブルの原因」と分かれば、悩みは解決に向かう。

我執の愛とは。

「この服着て行きなさい」という。子どもは別の服を着ていきたい、それが安い服。

母親らしさを一方的に押しつけて、自分のペースに相手を巻き込む。相手を自分の中に巻き込んでしまい、相手の個性を認めない。つまり現実否認。でも本人は愛と思い込んでいる。

「相手が傷つくことに鈍感。なぜなら自分を守ることに注意がいっているから」、しかもそれに気がついていない。

憎しみが愛情の仮面をかぶって登場する。本人は愛情と思い込んでいる。報われない努力になる。

自己不在のお人よしが恋をする。気に入られようと人間関係にひたすら打ち込んだあげくに、もてあそばれただけで、疲労と失意の中で生きている意味が分からなくなる。

悩んでいる人には嘘がある。

神経症的非利己主義は欠乏動機からの努力であり、報われない努力の生き方である。

ワーカホリックは不安からの活動で自己拡張型解決でしかない。

内面のアパシーと不安のどちらも強くその人を動かしている。

そういう人は他者を喜ばすことばかり考えて自己不在。

不安から努力し、頑張って消耗する、燃え尽きる。真実から目を背けるための活動であり依存症的傾向の努力である。

自己実現のエネルギーでなく自己断念のエネルギーである。

自己実現の感情を失う自己喪失。これが自己疎外。

社会的事件を起こしたときには、「あのいい子が」と驚くが、忍耐力も、気力も普通の子どもほどない。

普通の子どもより不安である。それだけのことである。

今その人が思っているよりも、もっとたくさん生きる道はある。不安な人は「これしか生きる道はない」と思うから苦しいのである。「こちらの道もあった」と気がつけば幸せになる。

自己消滅型解決の努力には二種類ある。

一つは不安からの迎合である。

次は、自我価値の剥奪を恐れて現実否認する。その結果、自分の潜在的能力の開発ができないで、神経症になっていく。

それらは小さな独りよがりの努力である。報われない努力である。

「辛い！　苦しい！」と言っている人は生きる道は一つしかないと思っている。「生きる道は一つしかないと思ってしまう」のは、今生きている道を自分で選んでいないからである。だから苦しい。

2 認められるために頑張っていないか

「間違った努力をしない」、これが燃え尽きないためには必要である。「間違った努力」とは満足をもたらさない努力である。

「犠牲を払うから幸せになれない」（ポーランドの哲学者でかつ美学者タタルケヴィッチの言葉）

なぜ頑張りすぎてしまうのか

同じ走っていても、追いかけて走っているのと、追われて走っているのとでは違う。

「顔色が悪いね、どうしたの」

この会話の動機はどのようなものであるか。

関係を円滑にするためにほめる、

いたわりの心でほめる、
活力を生み出すためにほめる。
お世辞でほめる、
取り入るためにほめる、
おだてて何かをやらせるためにほめる、
好かれようとしてほめる、
ほめることでしか相手とかかわれないからほめる。
これを間違えるのが神経症。

動機で成功と失敗は決まる。

「こんなに頑張っているのに」と、他人から見れば、自分のことばかりしている人は、自分の動機を反省する必要がある。

劣等感に苦しんでいる人は「私は一生懸命ウサギを飼っています」と言う。「私は努力してウサギを飼っています」と言う。しかしこちらが「ウサギを飼ってくれ」と頼んでいない。

だから「こんなに努力しているのに幸せになれない」のである。

劣等感に苦しんでいる人の努力は、基本的に人を見返すための努力なのである。人を蔑むための努力なのである。

だから努力しても努力しても幸せになれない。成功して見返すことができれば嬉しいかもしれないが、幸せにはなれない。成功しても失敗しても孤独であることには違いがない。

人との信頼関係は相変わらずない。だいたい自分の弱点を過剰に意識するときには人との信頼関係はない。

劣等感に苦しんでいる人の努力は、本質的に復讐のための努力だから努力が幸せには結びつかない。つまり弱点を過剰に意識する心の裏側には憎しみがある。

憎しみからの努力はどこを間違えるか。それは単に難しいことを達成しようとすることにおいてである。

難しいことをすれば人に認められるからである。医学に興味がないのに医学部の入試が難しいからと医学部に入ろうとするような受験生の努力である。

同じことを言っても、好かれる人と嫌われる人の差

社長に「おはよう」と言って嫌われる人と好かれる人がいる。

嫌われる人はリズムに乗っていない人である。

社長にもなれば悩みは多い。そこでスカッと「おはよう」と言ってもらいたい。

つまって「おはよう」と言えば、嫌われるほうである。

また「おはよう」が建て前の人もいる。

本音は「あんたが嫌い」である。これではいくら「おはよう」と言っても好かれない。

「社長、元気そうでよかったですね、今日も一日元気でいてくださいよ」という気持ちで「おはよう」と言えば好かれる。

行動は背後にある動機を強化する。

動機を間違えると、努力の仕方を間違える。

動機で成功と失敗は決まる。努力と才能だけでは成功しない。

3 自己評価が低いせいで物事をマイナスに捉えていないか

人生はセルフイメージで決まる

エネルギッシュでない人は、心の中の自我像がいじけている。

あるエネルギッシュな起業家がトラブルを起こした。

そのときにそのエネルギッシュな人は「自分の心のすさみがこのトラブルを起こした。このトラブルは今までの生き方のツケだ」と割り切った。

そう割り切っても「でもなんでこのツケなのか？」と思えてきた。

そこで今度は「でも身体が丈夫じゃないか」と体が健康であることに感謝をした。

「このトラブルと、心臓病になるのとどっちがよいか？」と考えた。

そうして「なんとか、橋の下でも事業ができる。命があればいい」と自分に言い聞かせて、元気になった。

「お金のある三年前の時の自分と今の自分とどちらが好き？」と彼女に聞いた。今のほうが好きと答えた。

あるエネルギッシュな作家である。それまでは本は売れなかった。そこで税金の恐ろしさはあまり実感としてなかった。

ところがある本が売れた。本が売れたのだが税金を取られた。かなり売れたのでかなり取られた。

普通は「えー？　こんなに取られるの？」と驚く。しかしそのエネルギーのある作家は「でも印税が入った。私ってついている」と思った。

エネルギーのない人は、なんでこんなに取られるのだと悔しがる。

エネルギーのない人は、幸運が来ても幸せを感じる能力がない。

お金持ちは一千万を銀行に預けるだけで、実際に使うのは普通の人と同じ。

そこであるエネルギッシュな人は一千万と書いた紙を、机にしまった。

それで「私はお金持ち」と自己イメージを作った。

ホームラン王は三振王

見方を変えれば成功者は失敗者であり、失敗者は成功者であるという。その例でよくベーブ・ルースが出される。

ベーブ・ルースは七一四本のホームランを打った。それは三九年間やぶられなかった。そのベーブ・ルースは一三三〇回三振をした。ベーブ・ルースは三振王でもあった。

デール・カーネギーの本には「アメリカ野球史上並ぶもの無き三振王」と書いてある。

しかし三振王は失敗者ではない。三振王をホームラン王の反対と考えるのがおかしい。

三振王は、それだけ試合に出場したということである。それはすごいことである。それだけ三振できたということのすごさを著者は書かなければいけない。カーネギーはそこを書いていない。

健康と監督や仲間からの信頼と、それがあって初めて三振王になれた。

三振王になれる回数だけ試合に出場させてもらえなければ、三振王にはなれない。

ナポレオンが戦った重要な会戦で三分の一は負け戦だったという。それにもかかわらず人々はナポレオンといえば戦いの英雄なのである。

次の文はカーネギーの文である。

Even Napoleon lost one third of all important battles he fought.*11

カーネギーは負けに注意がいかないだけのことだという。しかし負け戦というが、これだけ戦い続けたのだから「この人いつも元気があったんだな」とも解釈できる。

解釈できるというよりも事実そうであろう。年がら年中戦いをしているのだからものすごいことである。

それができるということは、すごいエネルギーがあるということである。

このすごいエネルギーを評価するのが楽観主義である。

「戦いに負けた」という形にとらわれるのではなく、そこでの心のあり方に注目する。

悪いほうに考えてしまうのは「自己蔑視」が原因

こぼれたミルクは戻らないという。これは後悔をしても始まらないという意味であろう。

しかし「こぼれるミルクがあるからいいじゃないか」という解釈が楽観主義である。

人は時に、空を飛んでいるのに、地上を歩いていると思っている。それがうつ病になるような人である。

自分がすごいことをしているのに、それに気がつかない。

「空、飛んでいるんだよ」と言っても、今度は「あー、落っこちる」となってしまう。

あるいは自分はたかが鶏と思って空を飛ばない。

自己蔑視している人は戦うエネルギーがない。

ナメクジになって塩をかけられて消える。

本当にその可能性がある。

人の悩みは、小さなことに思える。しかし同じことを自分が体験すればそれは大きな悩みになる。

4 「相手のため」にしたことは実は「自分のため」ではないか

「やってあげたのに」と思う心理

自分が幸せな人は、優しく与える。

ケーキの上のクリームをなめる。

あげたほうはあげたと思っている「頭で考える人」。もらったほうは全部もらったとは思っていない。

自分が満足して、あげたいと思ってあげる人は上のクリームを食べない。「あげたい」という気持ちが大切。あげる動機で考える。

あげたくないという動機を重視するのか、あげたという事実を重視するのか。

頭で考える人は幸せになれない。心で考える人は幸せになれる。

表面的なものに視点がとまる。ポイントを考える。心は相手を見る。好きなら好きの感情が働く。嫌いなら嫌いの感情が働く。

感情がでることは生きている証。

「頭で考える人」が、恩着せがましく五万円を貸してあげた。

貸してもらったほうの感情を考えていない。それが視野の狭さ。報われない努力をする人である。

相手を見返すための努力

動機で成功と失敗は決まる。

努力の動機を間違えると何事もうまくいかない。

成功して自惚《うぬぼ》れる人は劣等感から努力している。だから嫌われる。

たとえば、まずでしゃばりになる。自分の立場を間違える。係長なのに課長の役割を果たそうとする。

そういう人は努力するけれども嫌われるだけである。努力するけれども社内に味方ができない。努力するけれども人望がない。

本人は「オレがこんなに努力しているのに……」と不満になるが、周囲の人は「あいつは勝手なことばかりして」と思っている。

本人は「どうしてみんなは分かってくれないのだ」と不満になるが、周囲の人は「どうしてあいつは自分のしていることが分からないのだ」と苦々しく思っている。

自分が努力しているけど人生において毎日が積み重ねられていない人は、自分が頑張っている動機を反省することである。

たとえば、あいつを見返してやりたいとか、自分が成功して周囲を見下したいとか、そういう動機で頑張っているのではないか。

人生において毎日が積み重ねられていないとは、たとえば親しい人ができないとか、自分の能力の向上がないとか、会社の中でポストが上がっていかないとか、楽しい思い出が増えていかないとか、お金が貯まっていかないとか、懐かしい写真が増えていないとか、いうことである。

それは心の財産でもいいし、俗世の財産でもいいが、一つ一つ何かが積み重ねられているということである。心の財産で幸せになる人もいるし、俗世の財産で幸せになる人もいる。何事によらず長期にわたって着実に業績を上げている人は、努力の動機に問題がない人である。

人のタイプによって積み重ねられるものは違う。心を打ち明けられる友達が増えるタイプと、権力の階段を上るタイプとは違う。

それぞれのタイプによって積み重ねられるものは違う。何を幸せに感じるかは人によって違う。だから積み重ねられるものは違ってよい。

思い出の写真がアルバムに増えることで幸せになる人と、貯金通帳に残高が増えることで幸せになる人がいるだろう。

豪邸よりも一枚の古い写真がその人を幸せにするときもあるし、権力がその人を幸せにするときもある。

大切なのは自分が幸せを感じることである。その人の心が満足することである。

要するに努力しながらも不満でしょうがない人は、努力の動機を反省するしかない。

自分の立場を間違えていないか、自分の評価を間違えていないか、周囲の人は自分をそんなに能力があると思っていないのではないか、自分一人で自分が大物と思っていないか、自分は皆の信頼を得ていると一人で思い込んではいないか、自分が勝手に相手に信頼されていると思っているのではないか、相手は自分をそんなに親しいと思っていないのではないか。そんなことを考えてみることである。

立場を間違えるとは課長が部長のような顔をすることである。

プライベートな立場でも同じである。恋人のうちから奥さんのような顔をすれば男から嫌われる。男が女と一度デートしただけで「あれはオレの女だ」という顔をすれば、その人に逃げられる。

要するに努力が実らない人は関係を間違えている人の努力は何も生み出さない。

人はその人のしたことにも反応するが、それをしたその人の動機にも反応する。しかし人は自分のしたことに気を奪われているから、「ここまでしてあげているのに」と不満になるのである。なぜここまでしたかという自分の動機を反省はしていない。

良かれと思って相手が望んでいないことをしていないか

努力の動機を間違えている人は、立場を間違えることの他に、たとえば相手の望んでいないことをしているということがある。相手からの関心を引こうとしていると相手が見えなくなる。すると相手が望んでいないことをしてしまうことがある。

相手に対する思いやりから相手に何かをするときには、することを間違えない。しかしたとえば、感謝を求めて何かをするときにはすることを間違える。

それは「お母さんはいろいろのものを買ってくれたが、欲しいものは一つも買ってくれなかった」という子どもの言葉に表れている。自己無価値感の人は相手から感謝を求めていろいろなことをするが、残念ながら努力は実らない。

愛情飢餓感の強い人はすぐに派閥を作る。そして人間関係で公正をかく。その結果人のために努力しながら、人望がない。最後はたいてい嫌われている。

愛情飢餓感の強い先生や上司などがこの間違いを犯す。

動機がゆがんでいるから目的を間違えるのである。その人にふさわしい目的を持っていない人は動機に問題がある。見返してやりたいという気持ちがあれば、人生の目的を間違える。劣等感が動機になれば目的を間違える。

頑張って努力している人でも、自分の利益のために頑張っている人と、人の幸せを願って頑張っている人がいる。頑張りの動機が違う。そして挫折するのは自分の利益のために頑張っている人である。

自分が出世したくて頑張っている人と、人を助けるために頑張っている人とでは頑張りの動機が違う。

人の幸せを願って頑張っている人に対しては「やり遂げた努力」をほめてあげる。

しかし自分の利益のために頑張っている人をほめてあげる必要はない。

その人はやり遂げたことを自分が満足していればよい。

神経症者は努力している他人と、努力していない自分を同じに考えている。だから「隣の芝生は緑」になる。うつ病者は努力している。でも自己執着の努力である。友達のための努力でも、家族のための努力でもない。
「こんなに頑張っている」。でも皆から反発される。攻撃のための努力だから。

家族の幸せのために頑張っている人と、自分が有名になるために頑張っている人とでは、頑張りの動機が違う。それなのに人はそれを一緒にして「あの人は頑張っている」と言う。そして人は動機を反省しないで「オレは頑張った」と言う。

しかし自分が業績を上げるために頑張ったときに「オレは頑張った」と自慢することはないだろう。誰に頼まれたのでもないし、誰の幸せのためでもない。自分の利益のために頑張っただけである。

頑張っただけの利益を享受することはいいが、自慢することではない。怠けた人間はその利益を享受しないだけである。

怠けた人間が利益を享受しようとするのもおかしいし、頑張った人が頑張ったと偉そうにするのもおかしい。

他人の成功に嫉妬するのは、心の中に劣等感がある人

目的も同じ。その目的を持つ動機。

どうしてその目的を持ったかということである。成功して人を見返すために持った目的もあるし、人を蔑むための、復讐《ふくしゅう》のための目的もある。

自分のしていることが面白くて自然と出てきた目標というのもある。走るのが好きで走っているうちに、ある大会に出場したいと思いだす。次には入賞したいと思いだす、そして優勝が目的になる。さらに次のもっと大きな大会が目的になってくる。

好きなことをしていて自然に出てきた目的は順序がある。いきなりオリンピックに出たいと目標を持つ人はたいてい自己実現の結果としての目的ではない。

そしてまたそれをしているときには生きがいがある。目的がどこで止まろうともそれをしている間はそれをしていることが生きがいになっている。

その人がどういう目的を持つかということがその人の心を表している。

職業的成功でも同じことである。ノーベル賞をもらうような教授になろうとして、そうなれない自分に劣等感を持つとすれば、その人は自分のしている学問が好きな教授ではな

いだろう。

そもそもそういう劣等感の強い教授は、なぜ教授になろうとしたかという動機に問題があったのである。自分のしている学問が好きな教授はそれほど業績が上がらなくても劣等感に苦しむことはない。

だから他人の業績をけなすこともない。心は満足して地道に努力している。だから仲間もいる。

こうなりたいという自分と現実の自分のギャップに苦しむタイプ、つまり劣等感に苦しんでいるタイプが一番問題である。

そうした劣等感が強くてすぐに人の業績をけなすような教授は実は学問していることが辛いのである。だから次々と業績をあげる仲間が面白くない。そこで仲間の業績をけなすのである。足を引っ張る人は自分が満足していない人である。

そして業績をあげている人を叩《たた》くために徒党を組む。このタイプは職場で最も害になるタイプである。

これはもちろん大学ばかりでなく会社でも同じである。自分が役員になれないことに劣等感を持っている部長がいるとする。部長は有名大学を卒業している。しかし中途採用できた高卒の人が役員になってしまった。するとこの部長は凄《すさ》まじい勢いでこの役員をけなす。

そのくせ親の七光りで役員になった二世役員には迎合したりする。もちろん迎合するけど好きではない。

幼児的性格の人は、そのまま大人になれば、どんなに努力しても報われない努力になる。人が自分の期待通り動いてくれないと腹が立つ。腹が立って行動してしまうと感情は消える。社会的には問題である。しかしそのままだと憎しみが出る。心理的には問題である。

情熱が分かっていない。拳を振り上げることが情熱と思っている。だから「笛ふけど踊らず」なのである。先生が楽しければ生徒は踊る。

家族の犠牲の上に自分だけ外でいい顔をする。一事が万事で知らない間に生徒や部下を犠牲にしている。

人生の選択を間違えてしまう心理

努力の動機が復讐だと、次に選択の手順（selection processes）を間違える。[*12]

誰とつきあうかの選択を間違える。

どのスポーツをするのかを間違える。

どの商品を売るのかの選択を間違える。健康を考えていない人に健康の物を売るのは難しい。健康を気にしている人に、健康の物を売るのは比較的容易である。

自分の選択は間違っていないのかな？
選択はその背後にある世界観を正当化するから。

何をするかの選択。
準備体操なしに急に走ったら身体に悪い。

これに対して、過程を重視する態度は、「自分にはできるだろうか」ではなく、「どうしたらできるか」に関心がいく。

すると、ある物事を行うときに、それを行う手順を考えることに注意が向く。この過程を重視する考え方は、失敗などというものはなく、すべてそれは成功へのステップと受け取るようになる。過程を重視する人は、環境が変わっても、容易に適応することができる。

神経症は親しいことがいいことだというと、誰とでも親しくなることがいいことと思う。

誰と親しくなるかということを選択しない。歳をとったら親しい人がいることが幸福に貢献するというと、誰とでも親しくなる。

だから「べき」の暴君に支配されるということになる。「べき」はべきで望ましいことなのである。

どの人と親しくなるかというように選択がないということは、親しくなるということを大雑把に考えているから。

報われない努力を改めるためには、自分の心の底にある隠れたる真の動機を見つけだすことである。

幸せになるためには、隠れたる真の動機を見つけだすことである。

成功するためには、隠れたる真の動機を見つけだすことである。

現実から逃げるために依存症になる

そして現実を認めることを拒否すれば、その辛さから逃れるために惨め依存症ばかりではなく、アルコール依存症になるかもしれないし、悪口依存症になるかもしれないし、依存症中毒になるかもしれないし、ギャンブル依存症になるかもしれないし、セックス依存症になるかもしれないし、仕事依存症になるかもしれない。

「酒は百薬の長」とも言われるし、「悪魔の水」とも言われる。どちらにもなる。それはなぜ酒を飲むかという動機によってどちらにもなるということであろう。

現実逃避のために酒を飲めば「悪魔の水」となり、楽しみのために酒を飲めば、「百薬の長」となるのだろう。辛い現実を忘れるために酒を飲めば、さめたときにはもっと辛いのだから、アルコール依存症になってもおかしくない。

仕事や勉強等、社会的に望ましいこととされていることも同じである。動機によっては「百薬の長」にもなるし、「悪魔の水」にもなる。人生に生きがいをもたらすし、逆に人をノイローゼにもする。

仕事に興味があって仕事をしていれば、仕事依存症にはならない。仕事で疲れたら休める。しかし対決しなければならない人に、逆に認めてもらおうとして仕事をしていれば疲れても休めないだろう。対決しなければならない人に従順になり、実際の自分を裏切って働いていれば、ストレスで消耗しても、もっと仕事をしようとする。

仕事依存症もアルコール依存症等と同じように何かの現実から逃げているのである。誰かと対決しなければならないのに、その対決を逃れているから、仕事をしても仕事をしても満足できないのである。

「どうしてもやめられない」というときには、自分は何から逃げているのだろうと反省する必要がある。楽しいからパチンコをする人はギャンブル依存症にはならない。現実を忘れるためにパチンコをする人がギャンブル依存症になるのである。

私達は心の病を考えるときには何をするかも大切だが、それ以上になぜそれをするかの動機のほうが大切である。自分が「医者になりたい」と思ったときに、なぜなりたいかを考えることである。「認められたいから」というならやめたほうがいい。

「認められたい」からした努力は身につかない。報われない努力になる。

受験勉強が身につかないのは、受験勉強の内容にも原因があるだろうが、それ以外にも「認められたくて」している努力だから身につかないのである。

これは現実を認めることを拒否して燃え尽き症候群型の人間になり挫折するタイプである。

宗教依存症等は「きずな喪失症候群」型の人間の挫折であろう。

意識されている動機と意識されていない動機がある。

まずは、あなたを縛っている「心の呪縛」を解け

手足を縛られて泳ごうと努力している人と、手足が自由で泳ごうとしている人と、どち

らが泳げるだろうか。

手足を縛られて泳ごうとしている人の努力は辛い。そしてその努力はあまり効果が上がらない。心に手錠をかけられている人は、自分は心に手錠をかけられていると気がつかない。報われない努力である。

アメリカのマーデンという作家は、これでもかこれでもかと不遇な環境から身を起こして意味のある人生をつくり上げた人を書いている。マーデンがあげている人物を自分と同じ心の状態の人と思ってしまったら大間違いである。そして頑張れば自分も同じにできると思って、努力すれば悲劇となる。自分の身体にむち打って辛いだけで、最後は燃え尽き症候群である。

見習うべきは、朝の四時に起きて夜中まで働くことではなく、彼らの心の状態である。まず自分の手足を縛っているヒモを解くことである。手足を縛っているヒモを解けば自然と努力しているかもしれない。青筋をたてて絶叫しなくても、気がついたらあなたは努力の人になっているかもしれない。

しかも報われる努力をしている。

第2章

自分の中の「心の呪縛」に気づく

——他人にいい顔をしてしまう人には
「ずるい人」が集まる理由

1 何のために人に尽くすのか

子どもが欲しくないものを与える親

人は愛されないと、
大きな望みを抱く。
そして、
お腹のすいていない人に、
ものすごいお弁当を作っていってあげるような人になる。

多くの親は子どもに恵まれた環境を与えることに努力しているつもりでいる。

そして子どもが期待した反応を示さないと、親が「こんなに頑張っているのに」と不満になる。

しかし親が恵まれた環境を与えられるということと子どもが幸せを感じるかどうかは別

のことである。

『ブレイン・スタイル』の著者マーレーン・ミラーは、「自分よりも贈る側の趣味を反映するプレゼントを一体いくつもらったことがあるだろう？」と書いている。

意味もなく、心のこもった言葉をいくつ送ったり受け取っただろう？

そしてお互いの脳のタイプについて知れば、誰とでも友達になれるという。

なぜ真面目な警官が強盗に⁉

仕事に真面目に努力しながらも、人生を間違ってしまった例を考えたい。報われない努力の例を考えたい。

一九八八年五月二八日、その日の新聞は現職の警察官が白昼銀行強盗に入ったことを大々的に報道した。たとえば毎日新聞は大きな見出しで「現職警官が強盗とは！」。

クラブで会ったホステスのフィリピン女性から「お金をつくってくれ」と言われて白昼銀行強盗に及んだ。

家には妻子がおり、勤務態度は真面目で職場でも地域社会でも評判がいい。

毎日新聞の見出しは「温厚で部下思い」となっている。

彼は勤務態度が真面目だった。彼にとって仕事は生きがいとは矛盾して辛かったであろう。

人が嫌がる仕事を嫌な顔をしないで代わってあげる。上司からも部下からも信頼は厚い。

この行動こそまさに「他人に気に入られるため」である。不安からの一体化願望である。

憎しみが愛情の仮面をかぶって登場している。職場の人たちから愛されたいという要求の裏に敵意が隠されている。

残念ながら彼にとって、周囲の人に尽くすことは「自分自身の実現のため」ではなかった。彼の生きがいとは全く正反対の行為であった。「あなたのために私はこんなに苦労している」と恩を着せるような動機の行動であった。

保護と安全を求めて、神経症は極端に人に迎合したり、逆に極端に拒絶したりする。彼は極端に人に迎合している。

彼は何事にもＮＯと言えない。深刻な劣等感のある人は人を助けたがる。しかしそれは相手への親切ではない。自分が気に入られるためである。

たとえば恋愛依存症。相手に気に入られたいと思い、時間とエネルギーを相手のために割く。しかし相手を愛していない。

こういう人は、学生時代に真面目で努力するけど人間関係が深まらない。周りには厚かましい人が集まるだけ。ビジネスパーソンになっても同じ。

悩んでいる人は人間関係の距離感がない。

自我喪失しながら誰にでも愛を求める。その結果心の底では、自分の人生に絶望が深まるだけ。

これが決定的。

努力しながらも人生が行き詰まる人は、人との関係の中で生きていない。それが相互性の欠如である。

ＮＯと言えない人、言いたいことが言えない人、それがlove addicts（恋愛依存症者）である。報われない努力をする人の典型である。

他人に尽くすことで自分の居場所をつくる不幸

こういう人は、仕事に生きがいのある人の特徴である自分に「重心」がない。人によく思ってもらうということに生きることの重心がいってしまっている。

子どもが喜ぶ姿を見ることとそのことが喜びになる親の気持ちが本当の愛情である。彼にはこれもない。

彼は同僚、上司に「尽くすこと」で仕事場での居場所を作ろうとしていたのであろう。部下にいい上司になることで居場所作りをしていたのだろう。

彼のような仕事人間は、職場の人にいい人と思ってもらうためにいい人になる。だからいい人であることが辛い。愛を求める相手に対して無意識の領域で敵意を持っている。

相手に「これあげるよ」と言うことで自分の居場所を作る。

生きがいを持って働いている人は、もともと居場所があるから、居場所作りのためにいい人になる必要がない。そこでいい人になろうとしない。

彼はまさに働き盛り、分別盛りの人である。地域の人は真面目な人と言い、挨拶もマナーもいいと言う。

しかし彼の仕事熱心、生真面目は批判されまいとして仕事熱心である。仕事熱心は他人に自分をよく印象づけようとする仕事熱心である。

また同時に彼は真面目でなければ他人の気を引けないと恐れていた。

職場での愛想のよい性格も、不安から自分を守るための性格であった。

相手が何を求めているかわからないから、独善的に、人に尽くす。とにかく独りよがりで、独善的で、やたらに善意のつもりで人に干渉する。

自分に対する要求が高いので、自分に失望し、その結果、人からの承認を求めて、人に干渉する。

相手にとっては迷惑な話である。

こうした報われない努力をしている人は多い。

誰にでも〝いい顔〟をしていると、「ずるい人」を寄せ付ける理由

彼の場合もおそらく周囲からの愛情、注目を求めるために愛想をよくしていた。

相手が好きだから愛想がいいのではない。

心の支えがあるから真面目なのではない。心の支えがなくて職場で生きていくための道具が、表面的な愛想のいい性格である。

不安の消極的解決をする人は自分が何をしたいか分かっていない。

不安な人にとって、自分のために生きることは、大変なことである。

彼も小さい頃からどんどん自己実現のためには生きられないような人間になっていったのであろう。

人の期待を裏切らなかったが、自分自身を裏切り続けることで、幸せになる力をどんどん失っていったに違いない。まさに報われない努力の日々である。

周囲の人のほうは、自分の心の葛藤を解決するために彼に接していたに違いない。彼は周囲の人の心の必要性を満たす道具であったに違いない。

心優しい彼は小さい頃から周囲の人の餌食になっていたのである。

「こんな人達にいい人と思われてもなんの意味もない」と思って立ち上がれば、彼は仕事に生きがいを持てる人になれたのである。女に騙されないで、銀行強盗をしないですんだ。

ところが、人に認められ、人にほめられ、受け入れられることによって、自我の確認ができる人というのは、こういう人の餌食になる。

「つきあう人を間違えるな」と言っても、自分を見失った人は、つきあう人を間違える。

周囲の人が驚くような社会事件を起こす真面目な人は、真面目で立派でも、周囲の人に迎合しているから心は満足していない。

どんなに愛想がよくても心の底は不満である。

彼らは、心が満たされていない人が「真面目という服」を着て働いているようなものである。人は着ている服しか見ないから、この人は立派な人だと思う。

「思いやり」からではなく「嫌われるのが怖い」からやる親切

疑似成長した場合、「このような欲求は絶えず無意識的な力として固執される」[*13]となる。反復強迫とマズローは言っている。

このような欲求とは満たされていない基本的欲求である。人は愛が手に入らない限り愛を求め続ける。

そのために部下にまで「いい人」になる。そのために真面目に仕事をする。

しかし人が嫌がる仕事を嫌な顔をしないで代わってあげるときに、彼は自分自身を犠牲にするという無理をしていた。

それは彼自身の「相手に対する思いやりからくる喜び」による選択ではなかったであろう。

残念ながら彼は生産的いい人ではなく非生産的いい人である。

人が嫌がる仕事を嫌な顔をしないで代わってあげるのは、彼自身の居場所作りである。

彼には職場に心理的居場所がなかったのである。

なんであんな言動をするのだろうと不思議に思うときには、たいていその人が重大な感情を抑圧している。

嫌われるのが怖いのは、自分自身であることを放棄したからである。

彼は何か役に立っていないと、自分の居場所がない。

職場で嫌な仕事を「代わってあげる」という親切をしながらも、彼はおそらく職場で親しい人間関係ができていなかったのではないか。

要するに人に親切にしながら生きていても、人間関係の積み重ねがない。

やっていることが積み重なっていかない人生である。

彼は人と心を紡いでいかない。心の中で何かを編んでいない。人生が、長年にわたって編んでできあがるセーターのようなものになっていない。

それだけ人に親切にしながら、長年かかってできあがってくる人間の信頼関係のようなものがない。

要するに生きがいのない人が親切をする場合、動機が問題である。行動が問題なのではない。

親切の動機が相手に対する思いやりではなく、いい人と思ってもらいたいという願望であるからである。

強盗をしてしまった警察官も人から認めてもらいたいという願望で「代わってあげる」という選択をしていたに違いない。

嫌われたくないから「代わってあげる」のであろう。無理をして「代わってあげる」仕事が生きがいになるはずがない。

彼は職場に居場所がない。同様に嫌な仕事を「代わってあげる」は居場所作りである。

この彼に「仕事に生きがいを持て」と言っても無理である。

たぶんずるい同僚からいいように利用されていたに違いない。まさに「ずるさは弱さに敏感である」。

ずるい上司もずるい部下もずるい同僚も彼を利用していたろう。

そうして「嫌な仕事を代わってあげる」ごとに彼は自分で自分がより頼りないという感じ方を強化していった。生きがいがどうのこうのというレベルではない。

「嫌な仕事を代わってあげる」ごとに他人の依頼に彼はどんどん弱くなっていった。ポジティブなＮＯが言えない人間になっていった。

自分を裏切り続けて生きてきた、弱い彼は「断れない」。

「俺は皆になめられているだけだ」と気がつきさえすれば、悲劇は避けられた。周囲の人に気がつけば、報われない努力が終わりに向かう。

自分を裏切って仕事をしている人が、仕事に生きがいを期待するのは、中華料理屋に入ってフランス料理を期待するようなものである。

おそらく警察官の彼は小さい頃からどこでも「ありのままの自分」を表現できなかったのであろう。誰もありのままの彼を愛さなかった。

そして彼はたまたま「ありのままの自分」を表したが、それを表現する場所が適切ではなかった。

自己実現している人でさえ、時に「健康性退行[14]」をする必要があるとマズローは言っている。

「健康性退行」とは、自己実現している人でも、安全という低い欲求に退行する過程が、つねに可能性として残されていることである。

「一種の疑似成長は、人が満たされていない基本的欲求を、実際にはみたされているかそれとも存在しないかのように、みずから確信しようとする場合に、極めて一般的に生じるものである[15]。」

疑似成長している人はどうしても非生産的いい人になっていく。社会的に上へ上へと急ぐ。それは、その人の人生が「人に見せるための人生」であるからである。

その結果自分の心がどんどん空洞化する。まさに報われない努力である。

戦いには二つある。外敵と戦うことと、自分と戦うことである。自分と戦うこととは、心の葛藤に直面することである。自分をコントロールすることである。

「生きがいが欲しい、生きがいが欲しい」というときに、どうしても仕事そのものに注意がいってしまう。仕事の種類だけに注意がいく。生きがいのない仕事、生きがいの持てる仕事、そういう考え方である。

しかし、そもそも自分は「生きがいが持てるような生き方をしてきたか」という反省がない。

人を愛することも生きがいの条件である。

人を愛する能力がないのに、生きがいが欲しいと言っても無理である。

カレン・ホルナイは神経症の特徴の一つとして「The world should be at my service.」[*16]ということを言っている。

これは自己消滅型とは逆である。周囲の人への要求がひどい。そして自分が周囲の人にひどい要求をしていることに気がついていない。

これも本人の倦怠《けんたい》と無気力を隠すための「べき」。

倦怠と無気力は自分の適性を無視した努力だからである。

欠乏動機で頑張った結果が無意味感と倦怠と無気力である。

欠乏動機からの努力の結果が自己疎外である。

人生を基本的不安感からスタートしてしまい、間違ったコースを選んで、崖っぷちに来て「こうあるべき」と叫んでいる。

「好意」も出し方しだいで「ありがた迷惑」

もったいぶる人。

さりげない気持ちで相手に伝えるマナーがある。

陰徳という言葉がある。陰で徳を積むことである。

さりげない気持ちは相手に心の負担をかけさせないことである。さりげない気持ちでもてなしてくれたときは心を豊かにさせてくれる。

反対にやりすぎる好意は、相手の心の負担になる。

心の負担は「こんなことをしてもらってお返しをどうしたらいいのかしら」という気持ちである。

「こんなに大げさにしてもらってかえって困ってしまう」と相手に考えさせないことである。

自分では好意と思ったことでも相手には負担と感じることがある。

「好意」も出し方しだいでは、かえってありがた迷惑ということがある。

深刻な劣等感のある人は、認めてもらいたいという気持ちが強いからこうしたさりげない行動は無理である。

劣等感の深刻な人の努力は、どうしても最終的に報われない努力になりがちである。

2 相手が感謝しないと傷ついてしまう心理

愛の伝え方が分からない

報われない努力の典型的な例である。

巨大なケーキをおみやげに持っていく。不釣り合い。すごいと言われるために買ってきた。

「元気?」と聞かれる。

「元気です」と答える。

しかし「元気です」と言う人にもいろいろな人がいる。「元気です」と答える人の心は、それぞれ違う。

「病気です」と言うと、相手が心配するから「元気です」と答える人がいる。

このように愛で「元気です」と言う人と、相手への恐怖感から言う人がいる。

元気にしていないと、「嫌だな、そんな暗い顔をして」と不機嫌になる父親もいる。

うつ病になるような人は、愛で人と話をしたことがない。愛想がよいけど、心はいつも恐怖で話をしていた。

だから「人のために」ということが基本的に理解できない。

頭で理解しても感情的に理解できない。

ある統合失調症の女性が熱湯に手を突っ込んで、「ほら、私はこんなにあなたを愛している」と言ったという話を読んだことがある。

この女性は愛を伝えたいが、愛の伝え方が分からないのである。

うつ病になるような人は、こうした自己執着的愛の表現をする。

自分が必死になって愛を伝えているのに、期待した反応が返ってこないときには、報われない努力はエスカレートする。最後は熱湯に手を入れているのと同じようなことをするのである。

自分が好きな酒をやめている。そして「こんなに愛している」と訴える。それは熱湯に手を入れるのと同じことである。

感謝されないと傷つくのは、自分が拒絶されたと感じるから

世の中には、自己執着的対人配慮から生じるトラブルは多い。

自己執着的対人配慮とは、たとえばプレゼントをするのに、自分はこんなに持っているということを示すために高価なプレゼントをする。

相手が求めているものではなく、自分が持っているものの誇示するためのプレゼントである。自分が一億円あると恋人に示したい。

自分が、料理が上手だということを示すために糖尿病の患者に豪華な食事を作るようなもの。

相手の健康よりも、私が料理がうまいと思ってもらいたいということが先に立つ。

定年離婚がよく話題になる。

離婚を言われた夫のほうは、全くの驚き。

夫は家族のために尽くしていると思っていた。しかしそれは自己執着的他人配慮であった。

同じ屋根の下に全く違った価値観で一緒に生きていた。

夫はエリートコースを突っ走って感謝されていると思っていた。

しかし相手は全く違った望みを持っていた。エリートへの憧れはなかった。

自己執着的他人配慮で失敗したときには、「私はナルシシストである」ということを自覚することである。

自己執着的他人配慮からくる恨みは「あなたはナルシシストである」というメッセージである。

人にほめてもらおうとして親切をする。

感謝されたい、いい人という評判が欲しいからする親切をする。

しかし期待した感謝は返ってこない。すると「こんなにしてあげたのに」と恨みをもつ。

自己執着的対人配慮で配慮したときに、相手が感謝しないと、自分は拒絶されていると思って傷つく。

相手への愛情から配慮したときには、相手が感謝しなくても傷つかない。

また自己執着の強い人は傷つきやすい。

自己蔑視している人も傷つきやすい。

自己蔑視している人は無防備である。

無防備なのは自己執着が強いからである。

自己執着的対人配慮は相手への理解はない。

つまりうつ病になるような人は相手への理解がない。相手への関心がないから、努力をしても報われない努力になってしまう。

だからうつ病の病前性格である執着性格は義務責任感が強くて、仕事熱心でも、うつ病になっていく。

3 その思いやりの裏側にある本当の感情とは

本当に親切な人は「やってあげた」アピールをしない

お葬式の話。

故人のために何もしなかった人は、「私はこういうことをした」と延々と言う。

自分はこれをした、あれをしたと宣伝する。

一番故人に迷惑をかけた人が、親切したと言って、自分のしたことを誇張する。故人が自分のことをよく思っていたと言う。

自分のほうが故人から世話になった人は、「お世話になりました」とは決して言わない。

逆に故人のためにいろいろと尽くした人は「お世話になりました」と言う。

「いろいろお世話になりました」という人は、人に迷惑をかけない人。

迷惑をかけない人は、最後まで迷惑をかけない。

葬式とか、結婚式などの大きなセレモニーで、人は分かる。

両親が離婚した子どもの小学校の参観日である。

父親をよびたい。

「母親も行けばいいじゃない」と優しくない離婚の担当弁護士が言う。

子どもにとって別れた両親が並んでいるのを見ることはイヤなことである。

だから母親は行かないことが優しさ。それが弁護士には理解できない。

この弁護士はやってあげることが優しいことと思っている。

その場その場できれいごとをしている。

それは優しさではない。

優しい母親なら、参観に来た父親に挨拶の仕方を練習さす。礼儀を教える。

「これだけ子どもは立派になったのだから、オレも頑張る」と父親も思うだろう。

関係を断ち切れないのは淋しいから

「泥棒に追い銭」の格言が表すもの。

損に損を重ねても、まだお金を貸す人がいる。つまり相手との関係を断ちがたい人がいる。いわゆるカモと言われる人は、相手と温かい心を交わしたい。断った後で味わう罪悪感、損した後で怨恨、自己嫌悪。そうしたマイナスの感情を避けようと、自分には無理なことでも断れない。

他人のお気に入りになって交流しようとしている人をもう一歩進めると、損をした後でも怨恨を抑圧する。

犠牲的役割を演じるのは淋《さび》しいからである。苦労性を演じるのは淋しいからである。愛情飢餓感が強いと、恨んでいる相手との関係を断ちがたく憎しみを抑圧する。無意識に憎しみを持ちながら相手が喜びそうなことを言う。

愛の言葉で相手を縛るモラル・ハラスメント

自分は理想の母と思うから「どうして誰それさんのようになれないの」と子どもに言う。子どもの現実を無視したいじめである。つまり母親はモラル・ハラスメントの加害者である。母親らしさの強調をして子どもを束縛する。母親らしさという美徳で、子どもの心に手錠をかけたのである。

「こんなに愛している」という誇示で子どもを束縛する。しかし母親は自分の支配欲を意識していない。

子どもを通して、美徳を通して、自分の自己中心的要求を通す。美徳だから子どもは抵抗できない。

「自分は思いやりのある人間」というイメージを維持しつつ思いやりのない要求を通す。

これがモラル・ハラスメントである。

この種のモラル・ハラスメントは、本人は相手のために努力したと思っているが、加害者である。

報われない努力には、本人は気がついていないが、モラル・ハラスメントがある。

4 偽りの人間関係は、無意識にある依存心が原因

なぜゲッベルスはヒトラーの言いなりになったのか

報われない努力の典型的な例である。

ヒトラー帝国の演出者と言われるナチス宣伝大臣ゲッベルスのことを書いた本がある。

それは「そもそもゲッベルスのようなあらゆることが見えてしまう明晰《めいせき》な頭脳が、ヒトラーごときの命ずるままになるなどということがありえようか？[*17]」と疑問を投げかけている。そうした後に次のように答えている。

「ヒトラーの人格の中にゲッベルスは多くの歳月、無意識のうちにたずねあぐねていたものを見出した。一切の責任からの解放、決断に追いこまれるという煩わしさからの解放、そして自己自身からの最終的な逃亡[*18]」

ゲッベルスは自分探し症候群で不安なのである。そしてヒトラーとの関係に絆《きずな》を見出した。

ゲッベルスは、ヒトラーと出会ったときに、とうとう「本当の自分」に出会えたと思ったに違いない。

これで「私は救われた」と思ったであろう。

しかし心理的にはこのときゲッベルスは、「本当の自分」を完全に自分の意識から追放できたということである。

彼のヒトラーに対する感情をどう評価するか。

それは彼の極度な依存性から生じたものであり、無力感、無意味感であろう。

彼の言動は、その無力感、無意味感の克服のための言動であり、無意識にある依存性を満足させるための言動であろう。

自分がないから依存関係に陥る心理

偽りの関係を築く原因は、無意識にある依存心や劣等感である。

ゲッベルスは自分の劣等感、無力感、孤独感から力あるものへの同一化をする。

ゲッベルスもアメリカで集団自殺したヘブンズ・ゲートと同じで後世に残る英雄を信じる。

自分が生きている意味を獲得しかねているから。

もともと無意味感を感じるしかないような人間関係の中にいながら意味を感じようとする。

だから離れられない。

「あなたさえ幸せになってくれればいいの」と言って、他人に絡むしかない人と同じである。他人を巻き込むことで無意味感を解消しようとする。

それらの努力は、結果としてすべて報われない努力である。

5 心のふれあいがある関係、心のふれあいがない関係

喜ばせることで相手を操作する「共依存」の関係

とにかく不幸な人生の主要な原因の一つは、悪い人間関係（unhealthy relationship）である。

悪い人間関係とはいろいろと説明できるが、とにかく不安からの迎合とか、攻撃性の反動形成としての親切等々である。表面的に現れているのと、その裏に隠されている本質的なものとが全く反対である。

投影的自我同一化、相互欺瞞《ぎまん》としての共依存、お互いに相手に飲み込まれているし、逆に他者を巻き込むことで自己救済している。

共生的相互依存、相手を喜ばすことで相手を操作している。相手からの注目が欲しくて相手を喜ばそうとしている。

「プロクルステスの寝台」と言われるようなものである。プロクルステスの寝台とは、ギ

リシャ神話に出てくる話であるが、旅人をただで泊めてあげる。

旅人を無料で宿泊させてあげる。しかし寝台よりその人が長ければ切って殺してしまうし、寝台より短ければ伸ばして殺してしまう。

悪い人間関係では、その関係は自律性の犠牲の上に成り立っている。

プロクルステスの寝台のようなことをする場合、無料で泊めてあげたほうは、「してあげた」と思っているかもしれない。相手が感謝しなければ報われない努力と嘆くかもしれない。しかし報われない努力どころか、有害な努力である。

「相手に合わせる」関係に心のふれあいはない

離婚の原因で、よく性格の不一致というのが言われる。しかし現実には性格の不一致などはほとんどない。

原因はほとんど配偶者お互いの心理的成長の挫折である。お互いに自我同一性が確立していないので、お互いに心の拠《よ》り所がない。

本当のふれあいとは。

ふれあっている人は、言いづらいことが少ない。喧嘩《けんか》をしても別れの不安がない。相手に無理して合わせる必要がない。断るときに不安がない。

両者の相互性は支配と被支配の関係ではない。

心が病んでいる人にとっては、不健康な人間関係のほうが楽である。unhealthy relationshipのほうが心理的に楽である。心理的に楽であるというのは、成長欲求と退行欲求の葛藤の中で退行欲求に従って生きていればいいという意味である。

大人になっても、心理的には大きくなった幼児でいられる。

アルコール依存症の人と離婚した女性が、またアルコール依存症の人と再婚するみたいなものである。

心理的成長は生きている意味を感じるかもしれないが、エネルギーが必要だし、負担は大きい。リスクもある。だから勇気も必要である。

本当の自立は相手とかかわっている。心理的にふれあっている。

母親から手をかけられていない子は、遊ぶ相手として無表情な子を選ぶ。

若者になっても、自分が心理的にかかわらないままですむ人を遊び相手に選ぶ。だから会話がない。相手が泣いてもいい。

人と気持ちがかかわることが何となく不快である。気が重い。とにかく居心地が悪い。

よく結婚して、「相手がガラッと変わった」と言うが、そうではない。結婚して、相手の本質が表現されてきたということである。

コントロール能力のない人は、人と心がかかわりあわないで一緒にいるというのがよい。それが心理的に悪い人間関係である。不健康な人間関係である。

母親からかかわられていないので、人とかかわるとどうしてよいか分からない。だからかかわらない。かかわりたくない。

かかわると気が重いのである。

学生でいえば「大教室がいい」という学生である。

小さい教室では教授とも、他の学生ともかかわってしまうから居心地が悪い。ゼミのように少人数だとふれあう可能性があるので居心地が悪い。むしろ事務的なかかわりがよい。

うつ病になりやすい執着性格者などが上司と部下という役割的人間関係のほうが居心地がいいというのはこのためである。心の入る余地がない。機械的関係である。

飲みに行くときも上司と部下という役割的人間関係で、飲むほうが居心地がいい。

他者の自己化である。他者はいるが、それは心を持った固有の人間ではない。相手は人間ロボットである。

心理的に病んだ親が、子どもを通して生きている。難しく言えば、投影的自我同一化で、自分の思うように子どもを支配している。支配できなければ怒りになる。

言うことを聞かなければ、「これをしないなら、おまえがダメになる」と子どもを脅す。

「一旦は同一化した相手から分離、その相手との間に対象関係をもてるようになり、相手が自我同一性の一部に取り入れられる。[*19]」

同一化と分離、個別化という二段階が要素。

「心の支え」になる人はいますか

幸せな人の共通性。

よい人間関係、健康な人間関係は、お互いに適切な目的を持っている。

よい人間関係は、お互いに責任感があるから負担は重いが、心のつながりがある。

人間関係は、成長欲求にもとづく関係か、退行欲求にもとづく関係かである。

自分の今の人間関係が、よい人間関係か、悪い人間関係かは結果で分かる。

unhealthy relationship の代価、それは何も残らないことである。かかわりが人生の思い出にならない。

同じ職場で毎日のように会っていても、職場をやめれば、もう「ああ、あいつと会いたいな」とは思わない。「そういえばあいつは、こんなことを言っていたな」という懐かしい思い出はない。

つまり悪い人間関係ではコミュニケーション能力の喪失が起きている。生きている意味の喪失が起きている。

人間関係がお互いの自律性の犠牲の上に成り立っている。

healthy relationship の場合には、生きている意味を与えてくれる。

職場が同じというような人ではなく、あまり会っていない人で、しかももう何年も会っていない。

それでも折にふれて、「ああ、あいつ、どうしているかな」とことあるごとに思い出す。自分の青春は「あいつなしに考えられない」と思い出す。

いつも会っている友人ではなかったが、何十年たっても、その人が心の支えになってくれている。

「あいつは、俺のことを友達と思ってくれていた」、それが心の支えになる。「あいつは、俺のことを〝我が友〟と言ってくれていた」、それが長い人生で心の支えになる。

「専横な母親において直面する、愛情の欠如の結果として、子どもは早くから、誰にでも愛情をもとめる強迫的欲求を発動させ、それは一生残って、彼を不安定にし、他の人々を依存的にする[*20]」

悪い人間関係では、自己実現がなくて、他人の評価が重要になる。生命的重要性とカレン・ホルナイは言う。

重要といっても心の支えという意味ではない。「本来の自分」を犠牲にして、演技をしてよく思われることが重要という意味である。

心の底では不満でありながらも、表面的には離れない人間関係である。

最後は、自分が誰ともつながっていないということを感じたときには「もうどうにもできない」といううめきになる。

まさにその人との関係では、我慢をしながらも何も報われない努力になる。

6 心の底に抑圧された「満たされない欲求」

思い込みで不満になる心理メカニズム

悩んでいる人には二つのタイプがある。

努力をしているが、報われない努力をしているタイプと、いいも悪いも努力そのものをしないタイプである。

報われない努力をする欲張り達。

「なぜ自分は生きるのが下手なのか?」と思う人が多い。ことに最近メンヘラという言葉が使われだしているが、その人たちである。

単純に欲張りだから不満なだけで、本人が生きるのが下手と思っているだけで、事実は違う。

春先に、どうして「私はクローバーばかりしか採れないの?」と不満になるような人と同じである。

でも今は春先。春先はクローバーである。

「私はバラが欲しい」

バラがいいという。普通の人はバラが欲しいなら五月を考える。

時間が来れば、欲しいものが来るのに、それができない。

冬にブルーベリーが食べたいと言う。ブルーベリーは夏が美味しい。

秋にサクラを見たい。

お金があれば、冬にもスイカを食べられる。一万円もかけてそんなもの食べる必要はない。秋には、大金をはたけば甘くないまずいブルーベリーは食べられる。

報われないのが当たり前なのに、報われない努力をして、「私はどうして生き方が下手なのか？」と悩む。

基本が間違っている。

ホームレスに、「どうしたらお金を儲《もう》けられるか？」と聞くようなものである。あっちの公園、こっちの公園と聞いて歩いて、報われない努力をしている。

本来自分はこれこれのものを得てもいいと勝手に思い込んでいる。

その思い込みが間違っている。

他人を見ていない。もちろん自分を見ていない。他人のしている苦労を見ていない。

アメリカの偉大な精神医学者デヴィッド・シーベリーの言う「不幸を受け入れる」ということができない人たち。「不幸を受け入れる」と、することが見えるとシーベリーは言う。

それは欲を捨てるということ。「不幸を受け入れない」から報われない努力をする。

一口で言えば、傲慢である。

悩みの根っこにある愛情飢餓感

自分が川に溺れている。その自覚があれば、人とかかわるときに「この人は私の命を助けてくれるか？」と考える。聞く。

ところが悩んでいる人は、自分が川に溺れていることに気がついていない。

悩みは欲の権化である。愛情飢餓感で周囲の世界が見えなくなっている。自分自身のこともわからなくなっている。

悩みは欲張りだから、失ったものとか、落ちたものに固執する。悩んでいる人は、現実のものを受け入れられない。

愛されることで愛する能力が生まれる。

「欲張り」と「求める」は違う。求めるは一つ捨てて、一つ取る。欲張りは取ることしか知らない。

欲張りの人は、今を癒やしてくれる人を好きになる。命を守ってくれる人を求めない。自分の命の本質を知らない。

報われない努力をして、悩んでいる人は、心が傷ついているというのではなく、心が壊れている。

悩んでいる人は「私は傷ついている」と言っているが、意味は「私は心が壊れちゃった」ということである。

悩んでいる人は、自分の心が壊れているということに気がついていない。そこに気がつくことが先決である。

今目の前にある美しい銀杏《いちょう》を見ていない。今を生きていない。この時間、このときを楽しめない。

今を生きていないで過去を引きずっている。

お茶碗《ちゃわん》が壊れていれば、水は漏れる。悩んでいる人は、その漏れた水に執着する。漏れた水を悔やむ。失ったものに執着する。

なくなるのは当然だと思えば、報われない努力が報われる努力に変わる。

その人の心が壊れているのだから、欲しいものが漏れるのは当然である。

報われない努力をする人は、魔法の杖《つえ》を求めている。でも人生に魔法の杖はない。

トマトは野菜なのに「私は果物の王様になれませんか？」と聞いている。

メロンが「私は野菜の仲間に入りたい」と言っている。

何かをするということは、ある何かを捨てることなのに、捨てることができない。

捨てられないところで、トップで頑張ろうとしている。

無気力になるのは、無意味に頑張りすぎるからである。報われない努力を続けすぎた。

自分の努力を適正なレベルにする。

今の歩き方で必ず頂上に行くのに、もっと早く行こうとする。そしていつも焦っている。

「もっと早く頂上に行く方法はないですか？」と聞いて回る。悩んでいる人は無駄な努力が多すぎる。

赤ちゃんが、自分の歩き方をしているのに、大人の歩き方をしたら、少しの時間歩けるが、すぐに歩けなくなる。

抑圧された不満は心のエネルギーを消耗させる

悩んでいる人は様々な不満が心の底にある。その心の底の不満に日常生活が支配されている。もう心はほとんど壊れている。

だから意識の上で「こうしよう」と思ってもなかなか「こう」できない。

心の底に不満があるから、「そう」しまいと意識しても「そうしないではいられない」という気持ちになる。心の底の不満がその人の意識的な意図に反して満足を求めている。その不満の影響で人は強迫性に苦しむ。

しかも自分の悩みの原因に気がついていない。

「そうしまいとしてもそうせざるをえない」し「気にすまいと思っても気になる」。

受験生が遊びたいのに勉強している。遊びたい気持ちを抑え込んでいるから消耗して無気力になる。

たとえば、高校時代に勉強したいと思うことのほうがおかしい。でも遊ぶ人間と思われたくない。

受験勉強しなければならないから勉強するというのが社会的適応である。

社会的適応としてよい高校生を演じてきたが、心の底では遊びたかった。

遊びたいという気持ちを素直に認めれば、不必要な消耗は避けられる。それを認めないから焦る。

まず自分に「疲れていませんか？」「したいことはありませんか？」と聞いてみることである。

自分がよい高校に行っていることで、よくない高校生を軽く思っていませんでしたか？

受験勉強に疲れている人は、よい高校生を演じることで疲れている。

無理して好かれようとしても利用されるだけ

小学校のときに、友達を選ぶ。勉強以上にこちらのほうが大切である。

愛されなかったのだから友達に気をつけなければならない。小さい頃は人間関係に気をつけなさい。

しかし悩んでいる人は、気をつけない。悩んでいない人のほうが気をつけている。

老いも若きも、悩んでいる人は友達関係が悪い。「変な顔になったなー」と思ったときには友達が悪い。

そうなったときには、すでに報われない努力に消耗し始めている。周囲のずるい人から優しさを利用される。使い走りとして、無理してもずるい人に仕える。しかしそれを愛されていると錯覚する。

相手は得しているから「うまくいっている」と言う。ずるい人は得している。利害関係を、「うまくいっている人間関係」と合理化している。

ずるい人は操作がうまい。

風が銀杏の葉を木の根の所に持っていっている。はかなくても、自然に任せる。肥料になる。

ここまで頑張ったのだから、後は自然に任せると覚悟を決めるときがきているのだけれども、その覚悟ができない。

頭が焦っている。嫌われると思っている。

休め。体がイヤだと言っている。自分のプライドが許さない。

欲張りだから。

エネルギーがない。欲張りはエネルギーがない。

受験生のときからすでにスチューデント・アパシーみたいなものである。

悩んでいる人から手紙やメールをもらう。文章が汚い。文章に区切りがない。一つの文章がすまないうちに、また次のテーマが始まる。心臓病になりやすいタイプAと同じである。

一つ一つのことをきちんとすましていない。あの人を見ても、あの人に気に入られたい、この人を見れば、この人にも、気に入られたい。

そしてどの人にもきちんと向き合っていない。

やることを絞れ。

報われない努力をする人は、絞れない。

魔法の杖を求めているから。

全て半端に終わっている。

悩みが尽きないのは、自分が自分に失望しているから

私は半世紀以上、悩んでいる人から手紙をもらい続けた。

千のオーダーではない。万のオーダーである。しかしその大部分は恨《うら》み辛みの手紙だけである。手紙からメールに変わっても同じである。

いかに自分の周りにいる人達がひどいか、ということを延々と書いてくる。

同僚が悪い、先生が悪い、上司が悪い、親が悪い、恋人が悪い、部下が悪い、「悪い、悪い」とこれでもかこれでもかと書いてくる。

そしてつくづく「これなら悩むだろうなー」と思う。

それはとにかく要求がものすごい。周囲の人はかなわないから逃げ出すだろうと思う。

赤ん坊が母親にむちゃくちゃなことを要求する。悩んでいる人は大人になっても周囲の人にも、自分にもこの幼児の態度なのである。そしてこのむちゃくちゃなことが通らないと言っては傷つき、怒り、悩む。

不幸になる人の要求にはまさに見境がない。それが完全主義である。世の中には小さな幸せで満足している人も多い。しかし不幸な人は満たされるだけ満たされてもまだ不幸なのである。

それは実存的欲求不満だから。自分が自分に失望しているから。その自分に失望していることに気がついていない。

どんなに財産があってもまだ足りない。もっと欲しい。いやもっと欲しいではなく、もっと要求する。彼にしてみれば自分の人生にはもっと財産がある「べき」なのである。

自分が要求するだけの財産がないから彼は苛立《いらだ》つ。自分の要求がかなわないから不満である。そしてその要求が切実であるからその苛立ちや不満も激しい。

「あなたは実はこんなことがしたいということはありませんか？」。自分にそう問いただすことが大切である。

欲張りなのは、自分が自分に失望しているからである。そしてそのことに気がついていないからである。

だからそうしまいとしてもそうせざるをえない。

自分は、本当は違った生き方をしたかった。そこに気がつかなければ、報われない努力をしながら最後まで人生に不満である。

「誰かが〜してくれない」と悩むきずな喪失症候群

半世紀以上悩んでいる人の話を聞いてきて、分かったことは、とにかく悩んでいる人は欲張りだということである。

そして悩んでいる人達の手紙には、もう一つ別のタイプの共通性がある。それは恨み辛みの原因である。

要するに悩んでいる人には二つのタイプがある。

悩んでいる人の手紙を読んでいると、誰かに尽くして裏切られたというタイプと、誰が自分に何をしてくれなかったという恨みのタイプである。

悩んでいる人の、恨みのタイプは自分が人に尽くしていない。人のために働いていない。とにかく怠け者である。小さい頃から甘やかされすぎている。このタイプの悩んでいる人の手紙を読んでいてつくづく思うのは、努力していない。

人が自分に尽くしてくれないといって周囲の人を恨んでいる。人から何かをしてもらうのが当たり前に思っている。人が自分に奉仕するのが当たり前に思っている。周囲の人は皆自分の召し使いである。もちろん給料は払っていない。

これなら周囲の人を恨むのは当然だろうと思う。

幼児的願望を満たされないで育った人は悩むものだとつくづく思う。そして最後は憂鬱になる。自分でも自分が重苦しくなる。周囲の人もやりきれないが、本人もやりきれない。

いつも腹を立てている人、それは要求の多い人である。相手に何を要求しているかによって私達の気持ちは違ってくる。

多くの悩みの手紙を読んでいると、努力という視点から見ると、悩んでいる人には二つのタイプがあることが分かる。

悩んでいる人の二種類の声と表情。

なぜこのようなことを考え出したか？

手紙に表れる病理的表現。心のゆがみは外に現れる。

私はこのタイプをきずな喪失症候群と呼んでいる。

自分の弱点を隠すのがうまい人であり、人との心の絆がない。

きずな喪失症候群は弱点を認めない人。きずな喪失症候群とは心が誰ともつながっていない人たちである。

きずな喪失症候群の特徴は次のようなものである。

❶きずな喪失症候群は「辛い、辛い」と騒いでいる。

きずな喪失症候群は生活態度がルーズ。全て周りが自分のことをする「べき」と思っている。それにふさわしい努力をしないで、それを求める。

「私はこんなに辛い」と強調するのは、その人が愛情を求めているから。

カレン・ホルナイは惨めさを訴えることのなかには多かれ少なかれ敵意が含まれている

と述べている。

❷この辛い私を分かってくれ。

❸辛い、辛いというが、具体的なことが書いてない。

❹この私の苦しみの責任は全て他人。

❺相手と自分の関係が分かっていない。もともと深い関係があるわけではない。それなのに、相手は自分に尽くすべきだと決め込んでいる。

❻自分は悲劇の主人公。

❼ほんの小さなことでも、それをするすごさを認めていない。理解していない。

第3章

他人を優先して無理しないほうが人生はうまくいく

――「良かれと思ってやっているのに…」の心のカラクリ

1 自分を犠牲にして他人を思いやるという病

隠された「憎しみ」が「正義」の仮面をかぶって登場する

神経症的非利己主義とはどういうことか？

あまり親しくもない人に「君に幸せになってほしい」とオーバーに言う人がいる。

そういう人はきっと冷たい人である。

その人は「私は幸せだ」と言外に言っている。

「君は幸せでない」と言外に言っている。

この人は、相手を利用して、自分の立派さを売り込んでいる。

相手に与えているふりをして、自分自身を救っている人がいる。

生への憎しみが、徳という仮面をかぶって登場したのが神経症的非利己主義である。[*21]

生きることへの憎しみが美徳という仮面をかぶって登場したのがうつ病者の義務責任感

である。

彼らは意識の領域では非利己主義であるにもかかわらず、最も親しい人との関係さえもうまくいっていない。

安売り依存症という言葉がある。孤独に耐えられないでマゾヒズムになる人たちである。そこまで自分を安売りする必要はないと普通の人は思う。

しかし心の底のそのまた底では孤独だから人とつながっていたい。

その人がどんなに自分では正義と思って主張しても、その表向きの主張の裏には、隠された真の動機は憎しみということがある。つまりその人は正義を盾に自分の憎しみを放出している。

正義や愛を主張することで、心の底の敵意を放出している。

隠された真の動機を意識化することが、人間の心の成長には必要である。臆病や恐怖心が、道徳の仮面をかぶって登場することも多い。

しかしなかなか隠された真の動機を意識するのには勇気がいる。

いじめている側からすれば、それは意識的には正義であり、徳であるが、相手の側からするとモラル・ハラスメントといわれるものである。

表はモラルを持ち出して、相手を痛めつける。相手は抵抗が難しい。

真面目で責任感が強い人がうつになりやすい理由

神経症的非利己主義の母親の隠された憎しみ[*22]。

love addicts と言われる恋愛依存症者には裏に隠された憎しみがある。

ここが大切なところである。表面的には愛の言葉を並べ、相手のために時間と労力を使うが、尽くしているその人の無意識には憎しみがあり、その憎しみが、相手の気持ちに影響する。

本人は自分の無意識にある憎しみに気がついていない。

うつ病者もパーソナリティーに矛盾を含んでいる。新型うつ病という、新型でもなんでもないうつ病に対して新型うつ病という名前が流行《はや》ったことがあるが、新型うつ病という名前だけは新型でも従来型のうつ病も同じパーソナリティーの表と裏にしか過ぎない。

パーソナリティーに矛盾を含んだ人の義務・責任感と、パーソナリティーが統合化されている人の義務・責任感を同じに考えることは本質的に間違っている。

たとえ社会的に同じであったとしても、心理的には全く違うものである。

矛盾を含んだパーソナリティーの人の義務・責任感は疑似成長した人の義務・責任感で

あり、他者に対する関心を持った生産的エネルギーではない。共同体に対する帰属意識を持った人の義務・責任感ではない。

つまりうつ病者の義務・責任感は、裏に冷酷なまでの利己主義を含んだものである。それはカレン・ホルナイが神経症者は冷酷なまでに利己主義か、あまりにも非利己主義であると言ったことにも通じる[*23]。

だからこそ最終的にうつ病という形で心理的に破綻することが出てくる。

人生を切り開くためには、欠乏動機からの義務責任感と、成長動機からの義務責任感では全く違うことをしっかりと自覚することである。もちろん本人は自分は義務・責任感があると思っている。

欠乏動機からの義務・責任感の後ろに隠された真の動機を明らかにすることが、心理的に病んだ人の心の救済のためには大切である。

運命の病前性格と言われる執着性格者の義務・責任感は、隠された真の動機が憎しみだから、頑張っても最後にはうつ病になる。

うつ病の義務・責任感、真面目、仕事熱心などは憎しみの変装した姿である。だから義務・責任感が強くて仕事熱心な真面目なビジネスパーソンがうつ病になる。つまり真面目で仕事熱心な努力の果てに消耗し、挫折する。

　これらの美徳はまさにフロムの言う神経症的非利己主義である。まさに報われない努力をする人たちである。自己実現としての義務・責任感を持ち、仕事熱心な人は、努力すればするほどますますエネルギッシュになる。

抑うつ状態に向かう義務・責任感と、エネルギッシュに向かう義務・責任感の違いである。抑うつ状態に向かう義務・責任感は自己消滅型の人の義務・責任感である。迎合的性格の人の義務・責任感である。

決して社会に対する帰属意識の強い人の義務・責任感ではない。

新型うつ病の人に義務・責任感がないということは別に驚くべきことではない。「うつ病の義務・責任感とは何か？」という根本的な問いかけがないままに議論をしているから、義務・責任感がないと言って驚いて新型うつ病者と呼びだしただけである。

　そしてそれは新型うつ病と言っているだけである。新型でもなんでもない。

モラハラ親の「愛という名の支配」

自分は素晴らしいことをしているつもりで、実は相手を殴っている。自分の中の衝動を満足させつつ、自分は聖人だと思っている。

この母親は手抜きではあるが一応努力はしている。そこが分かりにくいところなのである。

もしこの母親が完全に怠け者で、子どもの世話を何もしないで毎晩友達とカラオケに行っているなら分かりやすい。子どものためになっていないということは誰にでも分かる。本人も自分は立派な母親でないと思っている。

最悪の親の場合には、子どもの思っていることと母親自身が思っていることと周囲の人が思っていることと一致している。

しかしこの子どものために努力する母親の場合には大きな食い違いがある。

「あなたさえ幸せなら、お母さんはどうなってもいい」と言う母親が理解できないことは何か。それは努力するのだけれども子どもが成長するために必要とするものを与える努力になっていないということである。そこを母親が理解できていない。

最悪の親は分かりやすいが、モラル・ハラスメントをする親は分かりにくい。それが最低の親である。

この母親は子どもが心理的に挫折したときに「どうして子どもが挫折したか？」を理解できない。自分が本気でそこまで努力しているからである。ここまで子どものために尽くして、何でこのような結果になるのか分からない。

自分がカラオケばかり行っているなら、子どもが心理的に挫折したときに「あー、いけなかった」と素直に反省できる。自分がエステばかり行っていたなら、子どもが心理的に挫折したときに「あー、きれいになりたいとばかり思って自分のためにお金を使って、自分はなんてことをしたのか」と素直に反省できる。

しかしモラル・ハラスメントの母親は自分のためにお金を使っているわけではない。子どものためにお金を使っているのである。

この母親がどうしても理解できないのはカレン・ホルナイの言うサディズム的愛である。自分が「愛」と思い込んでいたのは、サディズムが変装した姿であると理解できない。自分は子どもを愛していたのではなく、子どもをサディズムで支配していたのだということが理解できない。

自分は努力したけど、それでも子どもの求めているものを与えられなかったのだと分からない限り、今度は子どもを責めだす。私がこんなに苦労をしているのにという恨みである。母親にしろ、父親にしろ、実は自分が自分自身に絶望して子どもを強迫的に理想の人間に変えようとしたのである。

教育などという生やさしい心理ではない。親の側も生きるか死ぬかの必死さで、子どもに絡んでいる。

本音はかまってもらいたい

嫌がらせをしたり、絡んだりすることでかかわる。

人を困らせることでかかわる。子どもがよく親を困らせる心理である。

人に優越することで人生の問題を解決しようとしていた人が挫折すると、人を困らせることでかかわろうとする。

原点はかまってもらいたい。

誰からも相手にされない淋《さび》しさ、「なぜだろう？」と考えれば道は拓けるのに、敵意から「けしからん」とか「許せない」という言葉で周囲の人に絡んでくる。

その結果、努力するのだけれども皆から嫌がられる。さらに淋しくなる。

他者とのかかわりを否定しながら、他者とかかわろうとする。本質的に他者とのかかわりを否定していることに気がつかない。

嫌がらせをしたり、絡んだりする人間とかかわると「何とも言えない不快感」に襲われる。それは言葉で表現できない不快感である。

その不快感はどこから生まれてくるのだろうか？

それは嫌がらせをしたり、絡んだりする人が、根本的に世界とのかかわりを拒否しているからである。

イヤなことを言いながら絡んでくるのだが、一方でその人自身がかかわりを拒否している。無意識に敵意がある。

その無意識の敵意が相手に何とも言えない不快感を与えるのである。

何とも言えない奇妙な雰囲気を持っている人がいる。その人のパチンコの矛盾が、その人の雰囲気として表現されてきている。雰囲気は五感の対象として捉えられない。

正しいことを言うと煙たがれる意外な理由

なぜその人は「正しいことを主張するのか？」

見知らぬ人に、公園でいきなり「そういうことをするのはいけません、植え込みに入ってはいけません」と言う。動機は人とかかわりたいのである。

憎しみの反動形成として、正しいことを主張する、その憎しみの動機に人々は反応する。

周囲の人はその人から離れたい。

正しいことを主張している本人は、自分が無意識に憎しみを抱え込んでいるとは気がついていない。そして周囲の人がその無意識に反応していると思っていない。

ふれている人間関係とは相互性が条件である。

助ける人が、助けてあげたいと思い、助けられる人が「この人に助けてほしい」という欲求がある。

その相互性があって、お互いの人間関係が成立する。それがお互いに心がふれあっている関係である。

親が好きな子どもの親孝行である。親孝行と介護される親との間に相互性がある。

この人に介護されたい、この人を介護したい、それが相互性である。

神経症的非利己主義の人の場合では、本人がどう思っていようとも相手が自分のすることを望んでいないということを理解できない。相手が助けられることを望んでいないということを理解できない。

恩着せがましい人は周囲の人との関係が破綻している。

神経症的非利己主義の人には、この相互性が理解できていない。そこで「こんなにしてあげているのに」という不満になる。まさに報われない努力である。

本当の非利己主義とは、「相手との関係の中で」の非利己主義である。


相互性の反対が自己中心性であり、ナルシシズムである。

世話する側は「世話をしたい」と思っている。

相互性の欠如の場合は、世話されていることを相手から喜ばれていると思わない。


神経症的非利己主義とは愛情から「尽くしたい、尽くされたい」の相互性ではない。

愛情から相手に尽くしたい、相手は「この人」から尽くされたい。それが相互性である。

「あなたさえ幸せなら…」の裏メッセージ

ある女性の相談者の話である。

彼女の夫は、もう就職をして立派な社会人になっていた。その人の両親は教師であった。

彼は高校入試に失敗して、全ての自信を失う。

彼が成長した家ではそれだけ入試が重要な価値であった。彼はそういう人間関係の中で成長した。

姑《しゅうとめ》は「あの子の気持ちは、あの子より私のほうがよく知っているの」「あの子のことは何でも私に話してね」「あの子はあなたに差し上げます」と嫁に言う。

姑はいつも、「主人の写真を持ち歩いていて、私に見せてくれた」という。もちろんこの「主人」というのは自分の主人ではなく、息子のことである。この相談者の女性から見て主人ということである。

姑の口癖は「私の気持ちを分かってね」。

「私たちはどうなってもいいの、あなた達さえ幸福になってくれれば」という例の言葉をいつも言う。

「私は困っている人達を見るとほっておけないの」、そう言って身障者の方達から品物を買ってきた。

家の中にはちり一つない。

高価なものをくれる。

返すと、「あなた達の喜ぶ顔が見たいの、それが私の喜びだから」と押し返す。「どうか受け取って、どうぞ私のために」と猫なで声で話す。

時に嫁をお姫様のように扱う。

しかし姑のいないところで食事をしたり、嬉しそうに笑うと姑は不機嫌になる。

その相談者の女性は「しかし、なぜかこの家にいるとご飯が喉に詰まる」と言う。

姑は自分の不幸な生い立ちを延々と話す。自分の心の傷をぺらぺらと話す。これは普通に考えれば不思議である。普通は不幸な生い立ちを、こちらから進んで話さない。不幸を売り物にする。この不幸な身の上話は賄賂のようなものである。これだけあなたに尽くしたのだから、「私にこれだけのことをしてね」という賄賂である。不幸な身の上話のあとには請求書が来る。

自分のほうから「あれをして欲しい、これがしたい」と言ったことはない。

姑は息子に、従順でいつも感謝をして、弱い自分に同情することを要求している。

朝ゴミ箱を探さない。片付けに入ってこない。

息子の子どもなど、あなたに産ませない。性生活を営むのを嫌っている。姑の嫉妬は女の嫉妬である。

他人をけなすことで自分を上げようとする人たち

彼女は、自分は非利己主義の無欲の人であると思っている。フロムの言う神経症的非利己主義である。

神経症的非利己主義は、人の悪口を言う。人のあら探しをする。平気で人を傷つけることを言う。

悪口の質が悪い。

「あの人がお手洗いを使うと、とてもにおうんですって」というような不愉快な悪口である。

人への嫌がらせの悪口を言う人にはこのタイプが多い。人の悪口を言っている間に、自分のすることをしていればいいと思うが、とにかく人を不愉快にさせる悪口を言う。

それは、人が立派な人であることが許せないという敵意と同時に、人の立派さが、自分の価値を貶《おとし》めると感じるからである。ネット上にいろいろと悪口を書いている人がこの種の人である。

人を貶めることで、自分の心を癒やす。まさに報われない努力である。そんな悪口を言っても、自己肯定感は上がらない。

いくら人の悪口を言っても、それで自分が幸せになれるわけではない。その悪口を言っている瞬間は、心の傷は癒されるかもしれないが、結果としてもっと心の力を失い、人生はもっと行き詰まっていく。どんどん心の矛盾は深刻になっていく。

そして質のいい人が周りにいなくなる。悪口集団に入り、皆で人の悪口を言っているだけで、成長欲求は衰えていく。

神経症的非利己主義は、他人に迎合するための非利己主義であって、相手を「愛するため」の非利己主義ではない。

神経症的非利己主義が自己の内なる力を弱化する。

相手から嫌われるのが怖いから、無理をして親切にする。

そうなれば親切をしたことで相手が嫌いになる。

神経症的非利己主義は、自分のない自我喪失した非利己主義と言ってもいいし、自己執着の人の非利己主義と言ってもよい。

自分が利己主義者と思われるのではないかと不安になり、利己主義者と思われないようにオーバーな非利己主義的行動をする。

自分が赤面することを変に思うのではないかと恐れる。人から悪く思われることを恐れる対人恐怖症のようなものである。

不安に駆られて頑張る人は燃え尽きやすい

神経症的非利己主義者の中には、燃え尽き症候群の人もいる。

燃え尽き症候群の人の中には看護師、医師、警察官、教師など、社会奉仕を目的とする社会的に立派な職業の人もいる。

残念ながら神経症的非利己主義としての燃え尽き症候群である。

愛する能力のない母親。しかし本人は自分を「愛の人」と思っている。

「神経症的非利己主義の人は、人を愛する能力、楽しむ能力が麻痺している。

このような人たちは、心の底が生への憎しみによって満たされていることと、そして非利己主義という正面像の陰には、巧妙にではあるが、強い自己中心性が隠されているということが示されるのである。[*24]」

動機が不安であっても、外から見るとエネルギッシュに見える行動がある。

しかし自己実現のエネルギーではない。

邪気の元気と正気の元気がある。

神経症者のエネルギーと心理的健康な人のエネルギーは違う。神経症者のエネルギーは復讐のエネルギーである。しかも自分が復讐のために頑張っていることに気がついていない。

弱点を隠すのがうまい人がいる。自分の弱点があることを認められない。いつも不機嫌な顔をしている。

興味と関心で動いている人は、それほど自分の弱点にこだわらない。

興味と関心で動いている人は、まず非現実的なほど高い期待を自分にかけない。もっと地に足のついた生き方になる。自分がコントロールできないほどのところまで、生活の範囲を広げない。

何よりも他人に振り回されない。

対象への関心が勝つか、他人から評価されたいという欲求が勝つかで、生きる辛さは決まる。

欠乏動機で動いている人は、好きなものがない。成長動機で動いている人は好きなものがある。

「この人のために」頑張るという頑張りがある。

欠乏動機の場合には自分が評価されるために頑張る。だから努力しながらも報われない努力になる。

人間関係で大切なのは、相手を理解し、ほめること。

しかし「ほめる」ように見えることで、ほめる動機はたくさんある。

操作する人、心に葛藤を抱えている人は、ほめているのではなくお世辞を言っている。

したがって同じ行動は同じ反応をもたらさない。

こうすれば恋愛を成功する、上司とはこう挨拶する、同じことをしても失敗する人と成功する人がいる。

ベラン・ウルフが言うように人は相手の無意識に反応する。

ほめることとお世辞を言うことの違い。

ほめる、それは相手への関心。

「おまえ、去年の今頃、頑張って成功したな」、何度でも繰り返す。これはほめている。

相手に関心がなければ忘れている。「去年の今頃」という類の言葉は出ない。

自分の弱点を隠してはいけない

弱点がないから自信が持てるのではなく、自信が出てくるから弱点を認めることができる。

燃え尽き症候群の人は、人から理想の人と思ってもらいたい。

スーパーマンであるためには弱点があってはならない。

しかし無意識では自分に弱点があることを知っている。そこで自分に弱点があることを隠す。抑圧する。それに突き動かされて猛烈に働く。弱点を隠すために生きるエネルギーを消耗してしまう。

多くの真面目な彼らは、心の底では知っている自分の弱点を認められないままに燃え尽きるまで頑張る。

普通の人には、燃え尽きるまで働くということは考えられない。その前に休む。

なぜ彼らはそこまで身体にむち打って欲張るのかといえば、不安で孤独だからである。

理想の人になれば周囲の人から受け入れられて、不安の感情から逃げていられる。

小さい頃から安心感がない。

普通の人は欠点、弱点があっても自分は受け入れられると感じている。少なくともそういう人が周囲にいる。

しかし燃え尽き症候群の人は、小さい頃から欠点があれば受け入れられないと感じている。そうなれば欠点を隠すことに緊張してエネルギーを消耗する。

フロイデンバーガーが言うように、燃え尽きる人は弱点を隠すのが上手い。自分の弱点を認められない。小さい頃からその必要性がその人の心の中にビルトインされている。

燃え尽きる人は「気持ちが不安定で、人をけなし、怒りっぽく、頑固で他人の忠告に耳を傾けようとしない」という。

しかし興味と関心で動いている人は、それほど弱点にこだわらない。

興味と関心で動いている人は、認められなくてもエネルギーは続く。

逆に自己疎外された人が頑張る。成果が上がっても心はいよいよ病んでいく。

人に好かれるために無理をして生きてきた人へ

神経症的非利己主義の人は、意識の領域で非利己主義であるにもかかわらず不幸である。

最も親しい人との関係さえうまくいかない。

「嫌われるのが怖いから」「人に評価されたいから」無理をして自分でない自分で生きて

きた。欠点を隠して生きてきた。

神経症的非利己主義で、燃え尽き症候群の人は、周囲の人が怖い。普通の人は周囲の人が怖くない。

人に好かれるために無理をして生きてきた。人に評価されるために無理をして生きてきた。

その間の努力は普通の人には想像を絶するものがあるだろう。

人に好かれるために生きているうちに、生きる意味を見失った。人生を楽しむ能力を失った。

生への憎しみは増して、より自己中心的になり、ますます生きづらくなる。

周囲の人が自分にとって脅威だから、毎日ネットに向かって人の悪口を書くという無意味な人生になる人までいる。

神経症的非利己主義の人とか燃え尽き症候群の人は、表面的な主張と、その裏に隠された真の動機の違いの典型的な例である。

行動は非利己主義的に見えるが、動機は神経症的で自己執着的対人配慮である。

受け入れてもらいたいから人に配慮する。でもそのまわりは嫌い。

周りが怖いけれども周りに受け入れてもらいたいという矛盾。

この矛盾で自己執着の強い人は人と会って疲れる。

「いえ、けっこうです」と言う。それは虚栄心が控えめという仮面をかぶって登場している。

自己執着の強い人の会話である。

いえ、けっこうです。嫌われることが怖い。

いただきます。

動機は同じ。嫌われることが怖い。

目的は自分の面子《メンツ》を守ること。

神経症的非利己主義の人がよく言う例として、「あなたさえ幸せなら私はどうでもいい」という例を今までにも何回か挙げてきた。

本当に、あなたさえ幸せなら、私はどうでもよければ、そんなことは言わない。人の悪口は言わない。ネットに悪口を言うような時間の無駄使いをすることはない。

夕食の話題はいつも人の悪口であれば、その人の非利己主義は神経症的非利己主義である。

また本当に非利己主義であれば、自分の世話をしないと言って人を恨まない。

ドイルの偉大な精神医学者テレンバッハは病的正常性という言葉を使っている。社会的には正常に見えても、心に病的な問題を抱えている。心理的には正常ではない。

「社会的にどんなに立派にやっている人でも、自己に対して合わせる顔がない人は次第に自己と対面することを避けるようになる。[25]」

社会的適応と心理的適応は違う。

日本とアメリカの家族の満足度は違う。もちろんアメリカの家族の満足度のほうが高い。

しかしよく知られているようにアメリカのほうが離婚は多い。

「疎外された世界の範疇《はんちゅう》では、健康だと考えられている人間自体が、人間主義の立場から見れば重病人だと思われるのだ。[26]」

2　気をつかいすぎて疲れてしまう心のプロセス

自分は利己的な人間ではないと思っていても実は…

燃え尽き症候群と症状は似ている。

神経症的非利己主義の人は価値観としては、非利己主義。

しかし無意識にある「実際のその人のパーソナリティー」は利己主義。

社会的な行動は、独りよがりの独善的非利己主義だったり、極端な利己主義だったり、心理的には神経症である。

要するに、いきすぎた非利己主義であったり、あるいは冷淡な利己主義であったりする。

too unselfish or callously selfish.[*27]

タイプとしては自己拡張型になったり、自己消滅型になったりする。

自分は利己主義の人間ではないと思っていた。自分の行動を考えても、自分は利己主義的な行動をしていたとも思えない。自分は非利己主義な人間であると思っていた。

しかしよく考えてみると、その非利己主義は神経症的非利己主義であったかもしれない。

それは努力しているのに人間関係がうまくいかないからである。真面目にしているのに、必ずしも人から受け入れられていない。それにいつも疲れていて憂鬱である。

そうなれば、その人は神経症的非利己主義と考えられる。

そうして、もし自分が神経症的非利己主義の人間であったと分かったとする。

しかし「にもかかわらず」自分に誇りを持つ。本当の自分に気がついたことはすごいことである。過去の自分を責めるのではなく、誇りを持っていい。

神経症的非利己主義とは相手のための非利己主義ではなく、自分が人からよく思ってもらうための非利己主義である。

その人も何も好きこのんで神経症的非利己主義の人間になったわけではない。

自分としてはそれなりに頑張った。確かに努力の仕方は間違ったかもしれない。

努力の動機は欠乏動機であった。愛情飢餓感から頑張った。

しかし愛情飢餓感を持ったのは自分の責任ではない。母なるものを持った母親に恵まれなかったのは自分の運命である。

何があっても自分への誇りは失わない。

無理をして親切にすると相手を嫌いになる心のしくみ

自分本位主義は望ましいことである。自分自身であろうとする姿勢である。

しかし偽の非自分本位主義である神経症的非利己主義とは自分の弱さを合理化していることである。

たとえば、夫は嫌いだけれども「子どものために」離婚しないという女性がいる。

本当は自分の依存心が原因で離婚しない。利己主義者と思われることの恐怖。評判が怖い。

こうした場合、自分を犠牲にしているから、母親は子どもが嫌いになる。子どもが嫌いだけれども、嫌いということを認めない。嫌いという感情を抑圧してしまう。

そして嫌いという感情を直接的に表現できない。

そして自分はいい母親と思っている。

しかし本当の姿は自己中心的な女性で、子どもが嫌いになっている。

そうなれば毎日が楽しくない。その嫌いという感情を間接的に表現して、たとえば毎日惨めさを誇示する。自分が毎日いかに苦労しているかを話さないではいられない。

それが神経症的非利己主義である。

だからこそフロムが指摘するように神経症的非利己主義に関連した症状は、抑うつ、疲労、働くことへの無能力、愛の関係の失敗というような症状だという。*28

そして神経症的非利己主義の人はその症状にも悩んでいる。

神経症的非利己主義には努力はあるが、愛がない。見返りを求めている。

報われない努力の典型である。

人は無理して親切にすると、相手を嫌いになる。

したくないことをしたのだから面白くないのは当たり前である。

本当に「相手のために」という相手への愛情からしたのであれば嫌いになることはない。

逆にますます相手が好きになる。

しかし嫌われるのが怖いから、あるいは相手の好意が欲しいから、あるいは評判が悪くなるのがイヤだから、無理をして親切をした。

そうなれば親切をしたことで相手が嫌いになる。自分の不愉快な体験の原因は相手なのだから嫌いになるのは当たり前である。

しかし嫌いという感情を直接的に表現できない。そこで憂鬱になる。

フロムの言う「抑うつ、疲労、働くことへの無能力、愛の関係の失敗というような症状」は当然である。

つまり自分がした行為が、本当の親切であるか、それとも自己執着的親切であるかは、その後のその人の気持ちを見れば分かる。

相手に何かで譲るというときも同じである。譲り合うということなしになかなか社会は成り立たない。

「譲る」ということは大切な徳である。しかしそれが本当の徳であるか、自分を高く評価してもらうための自己執着的徳であるかは、その行為の後のその人の気持ちで分かる。

それはテレンバッハの言う加害恐怖についても同じである。

傷つかないようにと気を使った後で、その人の気持ちがどうなっているかである。

いつも気を使っているが、常にイライラしているか？

気を使った後で、より優しい気持ちになっているかである。

嫌われるのが怖くて自分を偽る心理メカニズム

不安は欲求を消す。なぜなら不安なときには、何よりも安全を求めるからである。

安全優先の生き方では、生きるエネルギーは続かない。

愛がなければ生きるエネルギーは続かない。「これこれのため」という愛の気持ちがあるから「これこれのため」というエネルギーが続く。

神経症的非利己主義では、現実の苦しみに耐える心の力は弱化する。

少子高齢化の根底にあるものは幼稚化である。生きるエネルギーの衰退である。

結婚生活を維持するだけに心理的には成熟していない。

そしてこうした神経症的非利己主義が自己の内なる力を弱化させる。

嫌われるのが怖くて譲る。その結果相手が嫌いになる。嫌いな感情を表現できなくて憂鬱になる。

さらに嫌われるのが怖いという恐怖感の中では心理的に成長することはできない。

人は安全な中で成長する。

安全性が確かめられると、より高い欲求や衝動を発現させる。マズローの言うように安全性が脅かされると、一段と基本的な欲求に退行する。

一般に安全を感じる子どものみが、健全に成長へと進む。満たされない欲求は、常に背後から満たされることを要求し続ける。

母親の神経症的非利己主義は子どもに彼女を批評する余地を与えないために、しばしば利己主義の親よりももっと悪い結果になることが多い。

この人たちの非利己主義は相手が求めるものを与える非利己主義ではない。自分の独りよがりの非利己主義である。つまり自分のない非利己主義である。

だから努力が実らないばかりか時には悲劇をもたらす。

自分のない非利己主義とは相手を見ない非利己主義である。言葉としてはおかしな言い方であるが、自分のための非利己主義である。

自分が心の傷を癒やすために相手を必要としているのである。自分の内面の心の葛藤から目をそむけるための非利己主義である。

この神経症的非利己主義が実は神経症の症状だということは、ほとんど理解されていない。この神経症的非利己主義的な人は自分自身のためには何も望まないとフロムは言っている[*29]。

「あなたが幸せなら私はそれでいいわ」というようなことを言う女がいるということを書いた。

それは愛のないときに言う言葉である。

それは自分が努力してないときに言う言葉である。

これは子どもをダメにする母親の言う台詞《せりふ》でもある。

子どもをピーターパン症候群にする母親はこれを言う。

まず、このような台詞を言う女は自分のすることをしていない。

他人の褌《ふんどし》で勝負するような人間である。

この「あなたさえよければ私はそれでいいの」と言う人々を、フロムは神経症の一症状としての神経症的非利己主義と言っている。

この人々は憂鬱、疲労、働かない、近い人との関係がうまくいかない。

この「あなたさえよければ私はそれでいいの」が神経症の症状だとはほとんど理解されていないとフロムは言う。重要な指摘である。

さらに重要なことをフロムは指摘している。

このような人は憎しみに満たされている。

非利己主義の裏には、とんでもない自己中心性が隠されている。

だからこのようなことを言う母親は子どもをおかしくする。

だからこのようなことを言う女は男をおかしくする。

この言葉に引っかかって生涯を棒に振った男の何と多いことか。この逆も同じである。

生涯を棒に振った女性である。

3 誰かから必要とされないと自分の価値を認められない理由

相手に必要とされることで自分の価値を感じる

神経症的非利己主義は報われない努力であることはすでに繰り返し述べてきた。それは自分の心を癒やすための努力であって、自分の潜在的能力を実現するための努力ではない。相手のための努力ではない。

神経症的非利己主義というのは、自分のパーソナリティーの矛盾を解決しようとする試みの挫折である。

自己無価値感に苦しんでいる人は、自己実現で自分の価値を感じる機会がないままに、社会的に大人にまで成長した。

そういう人にとって「相手に尽くす」ことは「相手を縛ること」である。

不安定性愛着で嫉妬深いから、相手を縛っておかないと不安。

それは心の底にある無意識の力が、攻撃性だからである。

神経症的非利己主義の人の相手への攻撃性が禁じられている。

心理的プロセスは次のようなものである。

まず相手への甘え、依存心がある。それが満たされないで怒りとなり、その怒りが禁じられて、間接的表現としての非利己主義になって表現されてくる。

自己執着的対人配慮と、神経症的非利己主義とは内容としてはほぼ同じである。だからうまくいかない。

自己執着的対人配慮とは、心に葛藤を抱えた人の非利己主義である。

なぜそこまで尽くすか？

need to be needed の面がある。

相手から必要とされることで、自分の価値を感じる。

自己実現で自分の価値を感じる機会がないままに大人にまで成長した。先に述べたごとく自己無価値感に悩む。

自己無価値感があるから、自分を主張すると独裁者のように感じる。

なぜ自分を主張することがタブーなのか、なぜ独裁者に感じるのか？

それは心の底にある無意識の力が、攻撃性だからである。

その相手への攻撃性が禁じられている。

彼にとって、利己主義とは何であれ、自分のことをすること。

これはフロムの言う神経症的非利己主義である。[*30]

この神経症的非利己主義が、脅威ではないものを脅威と感じさせてしまう。

普通の人は、他人にどう思われるかがそこまで重要でないから、不必要に非利己主義にならないですむ。他人がそこまで不当なまでに重要ではない。


神経症者はパーソナリティーに矛盾を含んでいる。

その矛盾を解決しようとして一方を抑圧する。

神経症者は「依存と敵意」の矛盾の解決に失敗している。

人間関係依存症。

「矛盾を認めない」から神経症的非利己主義になるしかない。

服従と敵意の矛盾の中で、相手に対して依存的敵意を抱く。

神経症者は自己実現していない。そこで人間関係は依存的敵対関係になる。

自分を犠牲にして世話を焼くという錯覚

社会的観点からすると望ましいことが、心理的には停滞を生むことがある。

社会的観点からすると望ましいとされることのなかで身動きできなくなっている。

どうしようもない退行欲求。自分で自分がどうしようもない。

「あなたさえ幸せなら」、これを言う母親は、神経症的非利己主義で、子どもはピーターパン症候群になる。

それは自分の力で幸せになれない母親が子どもに絡んで自分の心を活性化しようとしている。

好きなようにしなさい。

自己主張しなさい。

そう言うので、自己主張すると「文句ばかり言う」と批判する。「手足を縛って泳げ」と言っているのと同じである。

自分が相手を犠牲にしながら相手のために自分のほうが犠牲になっていると錯覚する。

事件が起きると、よく新聞は「父親は子煩悩だった」と言うが、父親はノイローゼだったということである。

父と子の依存症的関係を新聞が「父親は子煩悩だった」と書いているだけで、不思議なことでもなんでもない。

子どもは親との関係で独立に失敗すると、親子関係は依存症的人間関係になる。

神経症的非利己主義は、別の呼び方をすれば自己執着的非利己主義である。

「自分自身に過度な要求をすると、主に他人の生活への過度なかかわりをもってきます[31]。」

人に認めてもらいたいから、自分の限界を超えて人の世話をしようとする。

人を助けること、世話をすることが社会的にどんなに望ましいことでも、その人の隠された目的が「私をもっと認めて」というときには、その人間関係はお互いに負担になるだけある。結果としては双方に苦痛と不満をもたらすだけである。

自分が自分で幸せになれないから、自分を幸せにするために「あなたにすがる」ということである。別に相手が好きでもかわいいわけでもない。

人を助けること、世話をすることが現実の行為であったとしてもお互いの関係を強めることにはならない。本人自身が心に問題を抱えている場合には、相手は防衛的になる。つまり素直に感謝をする気持ちにならない。

「愛する人」が自己疎外された人であり、自分の自己不在を合理化するための「あなたのため」というのは、お互いのためにならない。

相手が好きで相手を助けたいという気持ちからでた親切はお互いの関係を強くする。

隠された目的は「私を認めて」

神経症的非利己主義の態度は、悲観主義的態度と同じように、巧妙に隠された攻撃性である。

人が追求している「隠された目標」を明確に把握しなくては、いかなる人の態度も理解できない。

Thus we cannot fully understand the behavior of any human being without a clear comprehension of the secret goal she is pursuing; nor we can evaluate every aspect of her behavior until we know how this goal has influenced her whole activity.*32

これは「動機を理解しなければ、人の行動を理解できない」という意味になる。

神経症的非利己主義は、表面的には悲観主義であるが、隠された目的は、相手への侮辱である。

「毒になる親」というのがそれであろう。とにかく子どもを侮辱する。一般的に神経症者は人を侮辱する傾向がある。

毒になる親も同じである。

そこで毒になる親の子どもは自己評価が低い、あるいは自己蔑視になる。自分より他人は価値があると感じるようになってしまう。

この低い自己評価が、その人の日々心に大きな影響を与える。

「あなたさえ幸せなら私はどうでもいいの」というのは自己不在であるが、とにかく「私」のほうは、自分の責任を逃れている。退行欲求の典型である。

「あなたさえ幸せなら私はどうでもいいの」というのは、退行願望であり、隠された目的は「私を認めて」ということである。

しかし本人は努力しているつもりである。本人からすれば報われない努力にならざるをえない。

自分に心の支えがないから、自己の存在証明は他者の評価に頼る。自分が自分を断念している。

「報われない努力を」することで、彼は何を失ったか。

成長への能力そのものであり、彼自身の肯定的感情を失ったのである。[*33]

子育てでいえば、「この子どもを育てる」という目的がない。人からほめられたいための子育て。相手のために相手のことをしているのではなく、自分が脚光を浴びるために相手のことをしている。

相手を非難せずにいられないのは、自分に対する無力感の投影

フロムは、力を「支配（domination）と有能性（potency）」の二つに分ける。[*34]

そしてこの二つは相互に排斥しあう。

有能性の喪失である不能の結果が支配性である。

コミュニケーション能力も喪失、自立する能力も喪失。

不能というのは、人間のあらゆる能力の領域について言っている。[*35]

コミュニケーション能力を失った父親が子どもを支配する。親子問題を起こす。

心理学的意味において、権力の渇望は強さに根ざしているのではなく、弱さに根ざして

いる。

それは一人で生きられないという個人的無能力の結果である。

「それは真の力が欠如したことに対する絶望的な試み（the desperate attempt）である。[*36]」

権力を渇望するのは自我の安定が目的である。

自分の心の底に抑圧した無力感を、相手に投影して相手を非難するタイプは必ず相手に反省を要求してくる。

しかし反省したからといってすぐに許すわけではない。

相手を非難し、攻め続けていない限りまた自分の心の葛藤に直面してしまう。相手をしつこくいつまでも、いつまでも責め苛《さいな》むのは、相手を責め続けない限り自分の欠点から眼を背け続けられないからである。

自分の心の葛藤を解決するために相手を非難する人は、非現実的な理想像と比較して相手を責め苛む。

それは責めている本人自身が、現実の自分と理想的自我像の自分との乖離《かいり》に苦しんでいるからなのである。

責めている原因は、その責めている本人の深刻な劣等感なのである。

自分が自分を蔑視してしまっていながら、自分が自分を蔑視していることを認められない。自分に対する蔑視を抑圧する、そのような抑圧が相手に投影されて、相手を非難しているにしか過ぎない。

いつまでも、いつまでもしつこく相手を責め苛むのは、相手が問題ではなく自分の心の葛藤が問題だからである。

神経症的非利己主義は巧妙に擬装された攻撃性である。

それは同時に巧妙に擬装された退行欲求である。

「あなたのため」と言いながら、相手を縛る。相手を縛ることが、その人の退行欲求の満足である。

保護と安全を求めて、神経症は極端に人に迎合したり、逆に極端に拒絶する。

神経症的非利己主義というのは、矛盾を解決しようとする試みの挫折である。

恋愛の場合で言えば、矛盾が解決しないと恋愛依存症になる。つまり膨大な時間とエネルギーを相手のために割く。

しかし親しい関係は作れない。この膨大な努力は全て報われない努力となる。

驚くほど尽くすのは憎しみの変装であり、強迫性である。憎しみは猛烈に働くことに変容する。さらに惨めさの誇示に変装する。

「あなたのため」という愛の仮面をかぶって登場

自分に失望したサディストは「あなたさえ幸せなら」と言って相手に絡んでくる。

「引っかき回す」ことで自分の居場所を作ろうとしている。

神経症的非利己主義は巧妙に擬装された攻撃性である。

神経症的非利己主義の人が冷たいように、悲観主義の人も冷たい。それは隠された攻撃性があるからである。

さらに、「私はこんなにしてあげようとしているのに」という動機の強調も彼らの特徴である。

その女性は「私は、嫁と孫の幸せのためにいろいろとしてあげた」と叫ぶ。

「あなたのために」と誇示している人は、相手を地獄に突き落とす。

嫁と孫は「私に感謝すべきである」と信じて疑わない。この女性が絡むことに嫁も孫も耐えられなくなって逃げ出した。

そしてストーカーのようにこの嫁と孫を追い回す。

「そっとしておいてあげなさい」と言っても、もちろん激怒するだけである。

「孫の幸せを願ってはいけないというのですか。あなたはそれでも人間ですか」となってしまう。

相談に乗る人は本来味方になる人なのであるが、この女性のような強度の神経症者は敵に回してしまう。

彼女は周りの人を次々と敵に回してしまった。そして孤立無援になる。

現実に孤立無援になっても「私は皆に信頼されている、皆に尊敬されている」と言い張る。全てが現実否認であるから、話ができない。少しでも話を打ち切ろうとすると「逃げるのですか、回答できないのですか、卑怯《ひきょう》者ですね」と叫ぶ。その怒りは頂点に達する。

彼女は怒りの対象にしがみつく。しがみついて離れない。その怒りが頂点に達するのは、電話が切られるのではないかという不安が頂点に達するからである。

このような相談者は孤独である。誰からも孤立している。周囲の人は皆悲鳴を上げて逃げてしまっている。

そこで相談者にしがみつく。

「生への憎しみが徳という仮面をかぶって登場したのが神経症的非利己主義である。[*37]」

臆病で弱虫だから直接「屈辱を晴らしてやる」と言えないで、「おまえのことを考えている」という。

神経症的非利己主義としての燃え尽き症候群は、愛する能力のない親であり、ビジネスパーソンである。

世間を見返すための子育て

先日父親と大げんかという相談者が来た。

父親は、

「○○というのは社会で最低のレベルの仕事だ。男の人がバーでおねえちゃんを結婚相手に選ぶようなものだ。その人がその仕事に誇りを持っているとしても、サラリーマンとしての誇りとはレベルが全く違う。おまえは誰の娘だと思っている。私の顔に泥をぬるのはやめてくれ。

私たちが『娘をよろしくお願いします』と頭を下げなければいけないのだ。そんなことできるか。

おまえがその人と結婚したら、妹二人のお見合いで、身上書にも汚点がつくんだ。あっちは医者の娘をもらって棚からぼた餅と思っているだろうが、優しい人やいい人なんてどこにでもいるんだ。

父親は「おまえの幸せを考えて言っているのだ」と言う。

母親は「あなたの幸せを一番考えているのは誰だと思っているの」と言います、と相談者は泣き声になる。


六八歳の女性。

三〇年前に離婚。女手一つで娘を育てる。

孫の面倒も見ている。

娘と一緒に住む家を買う。銀行の人も驚く。人も驚く真面目依存症。

娘の幸せのためだけに生きてきた。

死ね、殺したい。

悔しい。

離婚した夫に対する憎しみ、両親への憎しみ。

真実から目を背けるための子育て。
世間を見返したい。
行動は正しいが、動機が間違っている。
夫への絶望を隠すための子育てと同じ。

ある五〇代男性の例を教えてくれた。テレフォン人生相談に電話をかけてきたその人は、一か月前に離婚し、一人暮らしをしていた。「子どもだけを生きがいに頑張ってきたのに、二人の娘は二度と会いたくないと言っている」と嘆いていた。

旧家の長男の彼は、立派な人にならなければならないと幼い頃から厳しく育てられたと言う。両親や妻だけでなく、本当は子どもさえも好きでなかったのは自己不在だったからだと、加藤先生に相談に乗ってもらって初めて気づいたと言う。

そういう母親は「この子どもを育てる」という目的がない。人からほめられたいための子育て。相手のために相手のことをしているのではなく、自分が脚光を浴びるために相手のことをしているのである。

それは恋人との関係でも同じこと。

プレゼントをするのに、自分はこんなにお金を持っているということを示すために高価なプレゼントをする。相手が求めているものではなく、自分が持っているものを誇示するためのプレゼントである。

自分が一億円あると恋人に示したい。

自分が料理が上手だということを示すために糖尿病の患者に豪華な食事を作るようなものである。

相手の健康よりも、私が料理がうまいと思ってもらいたいということが先に立つ。

相手を高級レストランに連れていくことはできるけれども、相手の健康を考えた料理を作ることはできない。しかし実はこれが最も自然なつきあい方なのである。

「自分さえ我慢すれば」の言葉の奥には依存心がある

私さえ我慢すれば、と二〇年耐えた人。

子どものため、義父と義母のため。

これからも耐えるという人は、実は依存心が強い。「いい人」を演じている。

妥協する性格の子（the predominantly complying child）は、他人に従順になろうとし、他人に寄りかかろうとするばかりでなく、自分が非利己主義で「いい人」になろうとする。

攻撃的な子どもは、力や耐えたり戦う能力に価値を置く。[*38]

マゾヒスティックな人は、無意識に依存心がある。[*39]
何よりも依存心と敵意や不満は正比例する。
「あなたさえ幸せなら、それでいいの」[*40]
というような言葉はサディズムが愛に変装して表現されている。
恋愛や子育てでつまずく人達が言う「あなたさえ幸せなら、それでいいの」はマゾヒスト的努力であり、強度の依存性の表現である。

また絶望感はサディズムとして現れる。

サディストは愛の仮面をかぶって登場する。[*41]

そう考えると「あなたのため」という愛の台詞は嘘であることが多い。

実は「あなたのため」と言って相手を支配する心を癒やしている。「あなたのため」と言いながら相手の存在を否定する。相手の意思、相手の感じ方を否定する。

「あなたのため」という愛の台詞で、自分の意思を押しつける。

サディストは相手を痛めつけることで、自分の心の中の依存性や絶望感から目を背けていられる。

だから相手を痛めつけないではいられないのである。

しかし肉体的なサディズムは明白であるが、心理的なサディズムは見えにくい。隠された攻撃性である。

何よりもサディスト本人が自分の心に気がついていない。サディスト本人は「愛」と思っている。

意識では正義、無意識では憎しみ。

神経症的要求を持つ人は「栄光と孤立」になる。カレン・ホルナイの神経症者の症状の定義である。

おおかたのノイローゼ患者は、自分という人間は、誰も理解してくれない神さまなのだ、と「信じ」て、あたかも失望した虫けらのように振る舞うのである。[*42]

第4章

誰かに認められなくてもいい

——「ありのままの自分には価値がない」生き方の間違い

1　「優等でなければ自分には価値がない」という劣等感

親の劣等感を植え付けられて

劣等感という言葉は各々の人がそれぞれにいろいろな意味で使っている。

ここではどちらかというと悪い意味で使っているが、人によってはよい意味で使うこともあろう。つまり自分を見つめる意味で使う人もいる。

人によっては、人間は劣等感があるから努力するし、工夫もすると劣等感という言葉を肯定的に使っている人もいる。

劣等感がよいとか悪いとかいうよりも、劣等感という言葉をその人がどういう意味で使っているかということを確かめなくては、いいとか悪いとか議論ができない。

ここでは劣等感を悪い意味で使っている。

私が訳したジョージ・ウェインバーグの著作にラルフという少年の症例が載っていた。[*43]

ラルフは、知的であるという評判を高めたくてしかたがなかった。彼の育った家庭では、第一の徳とは頭脳明晰《めいせき》なことだった。

父は夕食のテーブルでクイズを出した。子どもたちの一人がそれに答えられなかったりすると、その子はいいもの笑いの種になった。

ラルフは運動家でもなかったし、ハンサムというのでもなく、ユーモアにも欠けていた。

彼は、頭がいいためにほめられてきた。彼は、家の外でこのことを学び、勝ち誇った学生となった。

彼は、自分が賞賛を受けようとしたら知性しかないことを確信していた。

そこでチャンスがありさえすれば、それを披露してきた。彼が頭脳こそ彼のただ一つの特質であるという前提に基づいて行動すればするほど、彼はそれを確信するようになってきた[*44]。

ラルフの父親は深刻な劣等感を持っていたに違いない。頭のいいことが価値と思い、しかも自分は頭が悪いと思っていた。その深刻な劣等感がこのような生活態度に表れていたに違いない。

「彼の動機を、何と説明すべきでしょうか？

こうです。彼は賛意を得るためには自分の知性しかない、と思っていたのです。そしてもしその権利を剥奪されてしまったら自分は全く何の魅力も持ち合わせない、取るに足らぬ者となってしまう。そして他人に憐れまれ、蔑まれるしかないという信念にのっとって彼は行動したのです。そして、議論でひとこと言うたびごとに彼はこの信念を強めていったのです。[*45]」

他人が期待する自分像を間違えていた

好かれたいという目的が間違っていたのではない。

問題は目的と信念である。

この信念が間違っていた。

「ある一つの行動に対する動機には、常に二つの要素が含まれています。目的と信念です。信念とはその目的を完遂させるためにこの行動が役立つと信じることです。[*46]」

抑圧のある人は、人が自分に何を期待するかについて間違う。

抑圧があると、人とふれていないからこのようなことが起きる。

イヌが飼い主に気に入られるキャラクターを演じる。それが他の人にも気に入られることだと思う。

2 燃え尽きないために

猛烈に働くことは攻撃性の表れ

親密になれないことを隠すために仕事が忙しいという人がいる。猛烈に働く。

さらに男のくせに酒も飲めないなどと言う。さらに猛烈に働く。抑圧は拡大する。心がふれあうコミュニケーションができない。

カレン・ホルナイが「a prodigious worker」と表現した「最も驚異的な働き手」という人がいる。

自然治癒力の専門家であるアンドルー・ワイル博士は『Spontaneou Healing』という本の中で面白い表現をしている。

壊れかかったエンジンはガタガタと猛烈に働くが、あまりよく仕事を達成しない。

戦後日本の高度経済成長を支えたのは神経症者のエネルギーと理解すれば、戦後の日本の政治社会過程を一貫して説明できる。

これが今のメンヘラ社員にまで心理はつながっている。

有名な精神科医カレン・ホルナイはこのようなタイプを「傲慢な復讐的タイプ（the arrogant-vindictive type)」と名づけている。彼女はこのタイプはあらゆる神経症者の中で最も「驚異的な働き手（a prodigious worker)」であると書いている。[*47]

彼らは働くことで攻撃性を表出していることは明らかであるとカレン・ホルナイは述べている。

彼は仕事を楽しまないが、疲れさすこともない。仕事以外の生活の空虚さ苦しんでいる。[*48]

カレン・ホルナイの指摘を待つまでもなく、彼らは孤独感と空虚感に苦しんでいることに自分が気がついていない。

フロムも「孤独感と無力感」と同様なことを指摘している。

心臓病になりやすいというタイプAは社会的に見ると仕事熱心な人である。

しかし心理的に見ると、かなり深刻な神経症者である。

社会的基準と心理的基準は違う。どちらの判断基準で評価するかで両者の違いは違ってくる。

フロムはこのようなマゾヒズム的人間を精神分析的に観察すると、多くの実例から次のようなことが分かるという。彼らが孤独感と無力感の恐怖に満ちている、そしてこのマゾヒズム的努力はその人をその孤独感と無力感から逃避させるのを助ける。

彼らは猛烈に働くが、被害者意識に立って、一生懸命に働かないメンヘラ社員と、心理的、本質的には同じである。

仕事が楽しくなる心の持ち方とは

典型的な、かっての日本の猛烈サラリーマンたちは人生で最も大切なバランスを崩している。彼らがいかに家庭を無視して働いたかを考えてみれば分かるであろう。

もちろんこの「驚異的な働き手」が働くことを楽しんでいるのなら話は別である。楽しんでいるなら復讐的にはなっていない。

「驚異的な働き手」にとって「万能の人」になることが、自らの傷ついた自尊心の要求である。

この内面の要求を実現するために、人は不幸な一生を送る結果になる。

その視点からしか物事を見られなくなる。だから働きすぎて健康を害する人も出てくるのである。

健康の秘訣《ひけつ》、それは愚かな偽りのプライドを捨てることである。そうすれば自然とバランスのとれた生活になる。

ところが偽りのプライドを捨てることはなかなか難しい。

同じに会社生活をしていても人間関係のうまくいっていないビジネスパーソンは友人のいる普通のビジネスパーソン以上にストレスに悩まされている。

家庭がうまくいっていなければ仕事にも影響は出る。だから燃え尽きる人は、仕事、仕事で生きてきながらも、最後には仕事で挫折するのである。

つまりカレン・ホルナイが「a prodigious worker」と表現した「驚異的な働き手」は逆に成功をしないで燃え尽きることが多い。

そして何よりも「傲慢な復讐的タイプ」はケチである。成功しても人に与えることができない。人から感謝を期待できれば与えるが、無償で与えることができない。

ところで「驚異的な働き手」の特徴はささやかな幸せを知らないことである。

かっての日本の猛烈サラリーマンたちと、今のメンヘラ社員とは現象は正反対であるが、心理的には同じである。

両者とも攻撃性が偽装されて表現されているが、偽装のされかたが違う。「間違った努力をしない」、これが燃え尽きないためには必要である。「間違った努力」とは満足をもたらさない努力である。社会的に失敗しても後悔しない人がいる。そういう人は「間違った努力」をしていない人である。

タタルケヴィッチは犠牲を払うから幸せになれないと述べているが、見事な指摘である。[*49]

まさに報われない努力をして、幸せになれないでいる人である。

我々はいろいろな囚《とら》われによって生きている。それによって有為な未来を失っている。

3 ありのままの自分に価値を認める

他人の評価でしか自分の価値を認められない苦しみ

ところで、人に認められ、人にほめられ、受け入れられることによってしか、自我の確認ができない人というのは、こういうずるい人の餌食になる。

つきあう人を間違えるな。これが燃え尽きる人への言葉である。

自分のベストを引き出す人とつきあえ。これが燃え尽きる人への言葉である。

自己実現している人は、優れた現実認識がある。

逆に自己疎外された人はゆがんだ現実認識になる。

そのゆがんだ現実認識の行き着いたところが狂気である。

つまりその人の内的過程のみが認識されて、実際の現実は関係なくなる。

正しい現実認識と正しい自己認識は苦しみであるが、この苦しみはアドラーの言うごとく「苦しみは解放と救済に通じる」。

燃え尽き症候群の人は、苦悩の原因を突き止めていない。

苦しみの原因を突き止めることが、「苦しみは解放と救済に通じる」ことになる。

燃え尽き症候群の人は、苦しみの原因を突き止めようとしないで、今の自分の苦しみに共感する人を求めている。自分の心のマイナスを受け入れてくれる人を求めている。

善人のふり、世の中を見下す、口先だけを認める、現実逃避を真実と言ってくれる人、神経症的非利己主義を求めている。

要するに単なる「幸せになりたい」という意図だけで幸せになれる方法を求めている。

一緒に「カラスは黒い」と言ってくれる人を求めている。そういう共感を求めている。

女性の悩みを扱ったアメリカの本にジェインという女性が出てくる。ジェインは四歳のときに大火傷《やけど》をした。ジェインは子どもたちにからかわれた。子どもたちは誰も大火傷をしたジェインと遊ぼうとしなかった。

ジェインは九歳のときに骨が癌《がん》になった。そして入院した。そして「火傷のジェイン」の自己イメージに「病気のジェイン」が加わってしまった。

この自己イメージのためにジェインは成功を目指して努力をしすぎた。高校時代にある美人コンテストに優勝。大学では人気を求めてクラスの委員に当選もした。結婚もした。

でも焦りは消えない。

大学院に入学し、二つの仕事を保持し、完全な母親と妻を演じた。模範的な先生にもなった。でも焦りは消えない。

彼女は言う。私の努力は全て「私は、そのままでは価値がない」という心の中の感じ方が動機であった。

どんなに成功しても、「これで十分ではない」という声が内からしてきた。成功すればするほど自己イメージは悪くなった。ついに離婚。

彼女は心の居場所がない人生を送ってきた。

「私は、そのままでは価値がない」という自己イメージの人と、「私は、そのままで価値がある」という自己イメージを持った人では、住んでいる世界が全く違う。「癒やしのない家」で成長した人と、「癒やしのある家」で成長した人では、住んでいる世界が全く違う。

土台が、自分は生きる価値がないと感じている人と、土台が、自分は生きる価値があると感じている人では、住んでいる世界が全く違う。

「私は、そのままでは価値がない」のだから、何も賞賛されないときには生きる価値がないのである。

普通の人は何も賞賛されないときでも生きる価値がある。

いかに過去の人間関係が重要か。

どんな人が周りにいたかで、今の感情が影響されている。

我々はいろいろな囚われによって生きている。それによって有為な未来を失っている。

我々は成長の過程で何か関係のないものと心理的に関係をつけて心理的事実をつくってしまう。

ウサギは怖い。

ウサギがトラウマ的体験になっている。そこでウサギが怖いという過度の一般化が起きる。

怖くないものを恐いと感じている。

現実は怖い。自分を傷つける。傷つくまいと気を張って疲れる。

神経症者は現実を敵と思っている。傷つける。

幸い彼女はセラピーで治療された。

傷つきやすいのは、こんなセルフイメージを持っているから

だから役割が必要なのである。役割を否定されることがそのまま価値剥奪を意味する。

「私は、そのままでは価値がない」という自己イメージの人と、「私は、そのままで価値がある」という自己イメージを持った人では、住んでいる世界が全く違う。

「私は、そのままでは価値がない」という自己イメージの人は、いつも傷ついている。日常生活でも常に傷つきやすい。

「私は、そのままでは価値がない」という人が本質的に自己蔑視の心理であろう。

人から賞賛されることで、普通の人のゼロの位置である。賞賛されなければマイナスである。つまり価値剥奪される。

だから賞賛されないと傷つくのである。

「私は、そのままでは価値がない」と感じている人が、賞賛されないときというのは、普通の人がけなされたときなのである。

「私は、そのままでは価値がない」のだから、何も賞賛されないときには生きる価値がないのである。

普通の人は何も賞賛されないときでも生きる価値がある。

「私は、そのままでは価値がない」と感じている人の傷つきやすさは、心理的健康な人にはなかなか理解できない。

土台が生きる価値がない人と、土台が生きる価値がある人である。

自己受容できなければ、百万人に愛されても愛情飢餓感は消えない。強迫的パーソナリティーは消えない。焦りは消えない。

「もしあなたが、ひとつのハンディキャップを補おうとしてあまりにも頑張りすぎると、おもしろいことが起こります。

たぶんあなたは自分に言うでしょう。『もしこのたったひとつの欠点さえなければ、すべてが素晴らしくなるのに』と[*50]。」

「あなたは、その欠点に打ち勝つために全エネルギーを傾注します。そして何が起こるでしょうか？　あなたは、その身体のハンディキャップをとりのぞくことができるかもしれませんが、以前より自分を好きでなくなるでしょう[*51]。」

「このことがアービングに起こりました。彼は、やせている自分の風貌を悩むティーン・エイジャーでした。彼は、体重を増やすためのトレーニングこそ、すべての問題解決の答えだと決めました。

　そして何時間も、何時間もトレーニングに費やしました。ついに、彼はたくましい体になりました。彼のハンディキャップはすでに存在しませんでした。

　しかし彼は、その風貌とたくましさでもっと悩むようになりました。

　年をとること、病気になること、またどんな方法でも傷つくことを恐れました。そこで彼の昔からの恐怖、つまり自己不完全感に、彼はこれまでになく悩むようになったのです。[*52]」

ささいな一言で自分が全否定されたと感じる心理

　定年退職した人である。留守番中に孫が怪《け》我《が》をした。帰ってきた妻が「子守りさえもできない」と言った。

　彼は「子守りさえもできないで」と言われて、自殺した。彼は周囲の人をのろい殺したいほど憎んで死んでいったであろう。

　彼は「自分は有用でなければ価値がない」と感じていたのである。それなのに「子守りさえもできない」と最小の有用性さえも否定されてしまった。

　心が傷ついたというような表現では表せないほど深く傷ついたであろう。

成功してもジェインの焦りは消えない。焦りは消えないということは不安は消えないということであろう。焦りは不安の症状の一つである。

ではジェインはなぜ焦りが消えないのか。それは生きる過程で凄まじいまでの怒りを溜め込んだからであろう。

いかに過去の人間関係が重要か。

過去にどんな人が周りにいたかで、今の感情が影響されている。

小さい頃、ストレスに晒《さら》されて生きた人にとって、生きるということは、地雷がたくさん埋め込まれている土地を歩いているようなもの。

地雷が埋め込まれていない人、全く違う人生。

侮辱でないことを侮辱として感じる。

問題は小さなＰＴＳＤが積み重なることで、扁桃核《へんとうかく》が常に過剰な覚醒状態。

「不安な人は多量の敵意を持っていることがわかる」[*53]

「人の役に立てないと生きる価値がない」という思い込み

うつ病者も好調になるときと不調になるときがある。不調になるということは、どうしようもなく不愉快になるということである。

不調になったとき、「自分はなぜ、今、この人のこの言葉で不調になったのか？」を考えれば道は拓《ひら》ける。

たとえば周囲の人が自分の役割を否定するような言動をした。そこで自分が価値ある存在であるためには役割が大切なのだと理解できる。

役割を奪われることが価値剥奪を意味することと理解できる。

なぜ自分はこれほどまでに役割が大切なのか？

そうしたことを考えていけば、今まで、役割によってしか自分は評価されなかった、自分は自分として愛されたことはないということに気がついてくる。

つまり生まれてから成長する過程で自分には共同体がなかった、機能集団しかなかったと理解できるであろう。

機能集団は常に人を有用性で評価する。事実有用性で評価しなければ機能集団はもたない。

しかし共同体は機能集団ではない。そこは人がお互いにその人だから意味があるという場所である。その人がその人だから愛される集団である。そこは有用性ではなく、固有性が大切である。

自分の不愉快な感情を通して、自分は家族の中で生きてきたのではなく、自分は会社の中で生きてきたのだということが理解される。

とにかく有用性を認められたい。渇いたのどを潤すように有用性に感謝されたい。

「おかげで、これができました、ありがとうございます」という言葉が欲しい。

「あなたのおかげで」という言葉が欲しい。

それが生命的価値である。

その有用性という価値が否定されたときに、不愉快になる。脅かされたときに不安になる。

有用性以外に、自分が生きている価値は認められない人生だったのである。

ありのままの自分では生きている価値はなかった。ありのままの自分では人に迷惑な存在だった。

だから有用性が救いだった。有用性があるからこそ存在を認められた。

有用性がなければ捨てられる存在だった。

それだけにうつ病になるような人にとっては役割がことのほか大切なのである。役割という有用性があって初めて負い目から解放される。

そこで役割がない場所では、自分は生きていてはいけない存在なのである。

そのイライラは、自分を否定されることへの怒り

イライラしているときは自分の生命的価値が否定されているときである。生命的価値が否定されて傷つき怒っている。しかしその怒りを向ける箇所がなくてどうにもならなくなっている。

何もかもが期待したようにいかない。一つ一つにイライラする。なぜこんなにイライラするのか自分でも自分が分からない。

自分はありのままの自分では生きていてはいけない存在である。そうした負い目が心の底にある。

さらにナルシシズムが充足されないままに残っている。ほめてもらいたいのにほめてもらえない。不満は高まる。

そうした様々な心理から、憂鬱でイライラしている。機嫌よくしようにも機嫌よくできない。

何か質問をされると、質問に答える前に言い訳が始まる。それは自己防衛からである。

そういう人はいつも人から攻撃されているような気持ちになっている。

小さい頃から「おまえは迷惑な存在だ」ということを言われ続けた。

不愉快な気持ちにはいろいろとあるだろう。

役割の否定から来る価値剥奪、そこからくる不愉快さもあるが、また殺意を抑えきれなくなっているということもあるかもしれない。

他人のあるささいな言動が無意識に抑え込んでいた殺意を刺激した。許せない人々を殺したいという気持ちを刺激した。

どいつもこいつも皆殺しにしたいという自分の気持ちに気がつく。自分の無意識にものすごい殺意がある。それをじっと抑えて穏やかに生きてきた。

「なぜ？」を問い詰めていけば、自分は長年にわたって敵意を抑圧して生きてきたと理解できるかもしれない。

「報酬としての愛」の危険性

「報酬としての愛」の危険はいくら強調しても強調しすぎることはない。

徹底的に自己無価値感を植え付ける。ありのままの自分にはなんの意味もないのだという感覚である。

自分は何か相手に利益をもたらさない限り、生きている価値はない。

他の人はそのままのその人で生きている価値がある。しかし自分は何か人に利益をもたらさない限り価値はない。

「報酬としての愛」を続ける限り、ありのままの自分は息をしていてもいけないという感覚になる。一秒として生きる価値がない。

うつ病者が他人に尽くそうとするのも同じことである。他人に尽くさない限り生きていてはいけないのだという感覚になる。

他人には許されることが自分には許されないのだという孤立感と孤独感である。

自分は他人とは違う。自分だけは他人とは違ってありのままの自分には価値がないという感覚である。

自分は皆に嫌われているという疎外感よりももっと深刻な苦しみかもしれない。

一番近いところで拒否された心の傷はそう簡単に治るものではない。

誰とも親しくなれない。近さが恐怖感になる。

このような育てられ方をした人は、当然基本的欲求が満たされていない。基本的欲求とは所属への欲求であり、愛情欲求である。

母なるものを持った母親の愛情に育てられていない。

本質的に不満なのである。

そのうえに何か具体的な事柄が出てくる。

心の中で不満が爆発する。爆発してもそれを外に表現できない。

そうなれば憂鬱でイライラするのは当たり前である。

とにかく自分は何でそんなに憂鬱でイライラしているのかを確かめる。

自分の憂鬱な感情から自分の何が満たされていないのかを探す。

小さい頃からありのままの自分を大切にされたことは一度もないのだと気がつく。

心のゆとりのある人だけが「愛されている」ということを感じることができる。

そのままでは価値がない、愛されるから幸せになれるのではなく、幸せだから愛されているということを感じることができる。

深刻な基本的不安感を抱えている人はどんなに愛されても「愛されている」とは感じられない。

4 生きることを楽しむ

生きるのが辛いのは、目標を間違えているから

何かに追われて一生を終わる人が多い。こうした生きることが辛い人は自分にふさわしくない目標を立てていることが多い。

その間違った目標が自分の潜在的可能性を実現することの妨げになっている。何か無理をしている。焦っている。

ふさわしくない目標、間違った目標と書いたがそういう人は別の言い方をすれば自分の目標が分かっていない人である。

もしバッグが本当に欲しければ人はバッグを買いに行く。しかし本当には欲しくなくて、人が「あのバッグいいわよ」と言ったのでバッグを買いに行く人は、途中で「あのエステいいわよ」と言われるとエステに行ってしまう。

要するに、ふさわしくない目標、間違った目標を持ってしまう人は、好きなものがない

人なのである。だから目標がないとも言える。そして好きなことをした体験もない。

つまり自分が本当に欲しいものに気がついていない。自分に気がついていないから自分に対する信頼感がない。

今まで自分を出していないことに気づく

そこで生きることが辛いときには、自分の中の何を発展させることを心がけたらいいのかを自分に問いかけてみることである。

まず生きることを楽しんでいない自分に気がつくことである。自分の中の何を発展させたらもっと自分は楽に生きられるのか、自分の中の何が発育を阻害されたままになっているのか、それらの問いを自分に発してみることである。

おそらくそのような問いを発してみると、自分の中にはたとえば自主性が発展されないまま押さえつけられている、あるいは自分の能力は発育がアンバランスになっている、好きなことをしていない等ということに気がついてくるのではなかろうか。

今まで自分を出していないということに気がつくだろう。好きなことをしたことがない人なのである。だから人のことが気になる。楽しみを知らない人なのである。

そういう人は、リンゴもバナナもオレンジも皆同じ味なのである。つまり人が「リンゴがいい」と言うとリンゴを食べて、バナナがいいと言うとバナナを食べている。人がいいと言うものを食べているので自分の欲しいと思ったものを食べているのではない。

　自分の辛い人生の原因は何であるのか？　それをきっちりと反省することである。それをしないと好きなことをしないで辛いことだけをして死んでいってしまう。「ただ辛いだけで死んでいくなんて馬鹿らしい」ということが実感として分からないと人はなかなか生きる目標を変えない。多くの人は間違った目標のままで生き続ける。せっかく生まれてきたのにある人々は辛いだけで死んでいってしまうのである。何のために生まれてきたのか分からない。

　来る日も来る日も、真面目に一生懸命突貫工事をして最後には疲れはてて死んでしまうみたいなものである。辛い労働の突貫工事に、文句も言わないで汗をかいて、その休みの時間にも食べたいものがなくて、味も分からないでお弁当を食べて、死んでいく。

燃え尽きる人は間違った道を一生懸命歩いている人である。規範意識ばかりで遊びがない。遊びが創造性を培い、それでハードルが乗り越えられるのである。

燃え尽きる人は身も心も疲れはてている。本当はそこまで疲れる前に休まなければいけない。心が萎える前に休まなければいけない。

　しかし彼はなぜそこまで働かなければならなかったのか？　なぜ周囲の人にそこまでい

い顔をして仕事をみんな引き受けたのか。なぜ彼らは最後には心が萎えてしまうのか？それは今していることの成功以外に自分の価値を確信できなかったからである。ではなぜ自分の価値を確信できなかったのか？

彼は自分の生活を維持するために本当にそんなに燃え尽きるまで働かねばならなかったのか。そうではない。そこまで働かねばならなかったのは彼が皆から高く評価してもらいたかったからである。

「課長になって体を壊す」か、「課長にならなくて元気でいるか」という選択に際して劣等感がある人はたいてい「課長になって体を壊す」ことを選んでしまう。そして体を壊したあとで人を恨みだす。なぜなら期待した看病が人々から得られないからである。「あれほど世話をしたあいつが、見舞いに来ない」ことに煮えくり返る。

無理しないほうがうまくいく

燃え尽きる人は仕事でも恋愛でも頑張る。しかし結果は望ましくない。たとえば仕事が忙しいときに恋人にも会おうとする。彼は無理をして会う。

しかし無理をして会うからどうしても「無理をしてきた」ということが顔に出る。ことにこのタイプはそれを顔に出す。

「仕事が忙しいのに無理をして来てやった」となってしまう。感謝されることを期待する。そこに優しさはない。

すると恋人のほうも嬉しくない。すると「こんなに無理して会ってやっているのに」と面白くない。

そんなときに恋人に電話するだけでいいのである。電話をするだけであるなら彼のほうの無理もない。恋人にも素直になれている。

恋人も忙しいのに電話をしてくれた、私のことを覚えていてくれる、「お仕事、忙しいんでしょ、頑張って」となる。

つまりメールや電話で済むことを無理をして実際に会って、その結果は期待はずれどころか、相手のマイナスの態度に接することになる。

燃え尽きる人の努力とか、頑張りというのはだいたいこんなものなのである。

燃え尽きる人はつきあい方を知らないのであろう。知恵がないといえば知恵がない。相手に合わせるということで無理をするから、どうしても相手を恨むような結果になってしまう。自分が折れるから、相手に感情が残る。

そこで「どうしてこうなるのだろう?」と考えれば道は拓ける。

他人の目を気にして自分をよく見せようとしない

私が訳した『名言は人生を拓く』というアメリカの格言集に次のようなのがある。

「上司の評判がよくなる方法を探すこと」

そこに私は次のような解説を書いた。燃え尽き症候群の人々とは違って、成果の上がる努力の仕方を書いたつもりである。

劣等感の強い人は上司からの評価を上げようとして自分がしたことを上司に誇示する。自分を素晴らしく見せることにばかり気を使う。その結果逆に上司の評価を下げる。すると面白くない。そして「オレはこんなに優秀なのに不公平だ」と恨んだり、悩んだりする。

この言葉のように、上司の評判がよくなるように努力していれば上司は認めてくれるし、見る人は見ている。あの部下あってのあの上司だと見ている。すると仕事は自然とうまく回転し始める。

相手を愛している恋人は相手が素敵に見えるように努力する。女性は男が素敵に見える服を着せようとする。劣等感の強い女性は自分の恋人が女にモテることを喜ばない。

逆に燃え尽きにくい人は能力相応の志望を持っている楽天家であるとフロイデンバー

ガーは言う。

こういう人は何となく生き方がうまい。逆にこのような人のほうが努力の成果が上がったりする。

極端に言えば無理をして努力などしない。無理をして頑張らない。それは頑張り方を知っているからである。無理をしないとは、時間をかけるということである。準備をすることである。無理とは早急に、短時間に勝負しようとすることである。物事はできることはできる。しかし焦ってはいけない。燃え尽きる人は時間をかけることを知らない。準備をしない。

人はいつも無理をしてはいけないというのではない。無理をしなければならないときもある。しかし無理をするには無理をする時期がある。

そもそも能力相応の楽天家ということは、転んだら「転ぶようになっていた」と転んだことを受け入れる人である。そして転んだときに落ち込まないで「どうしようか」と考える。燃え尽きる人は焦って転んで「何で転ぶのだ」と嘆いている。「何で転ぶのだ」と自分に問いかけない。

悪いことが起きたときにそこで対処する人が楽天家である。怪我をして病院に行けばすぐに治るときには、すぐに病院に行く。すぐに病院に行けば治ったのに嘆くだけで病院に行かない人が燃え尽きる人である。

「誰かのため」ではなく「自分のため」に生きる

すぐに相手を恨む恋人が料理を作るときの心理過程を詳しく考えてみよう。

相手は糖尿病の傾向がある。それでも肉料理を作った。時間がかからないから。相手が何を必要としているか、分かっていない。

新鮮な材料は使わない。新鮮な材料を求める時間とエネルギーを使わない。下ごしらえの時間を使わない。手がかかることは適当に省く。そして「これだけ素晴らしい料理を作りました」と相手に「見せる」。そして振られるから「こんなにしたのに」と相手を恨む。

では逆に相手を恨まない恋人が料理を作る心理過程を考えてみよう。まず相手の健康を考える。新鮮な材料を求めて時間をかける。見えないところに気を使う。同じじゃがいもを使うのでも新鮮なじゃがいもを使っている。この料理は時間がかかるから「イヤ」だとは思わない。

ある母親である。子どもが小学生になる年。四月が近くなってトイレに行かない訓練を始めた。学校に行きだしてからトイレが近くて授業中にトイレに行くと「困るだろう」からである。

子どもは何でもなかったのに、これから不安になってきた。この訓練がストレスになった。そしていよいよトイレは近くなった。

すると母親は「こういうことになるから、訓練するのよ」と言った。

しかし母親の思うようには子どもは育たない。母親は子どもに言った。「あなたのために」していのに。「あなたのために」と言っているときには最も簡単なことをしているときである。

そして一パーセントを九十パーセントにする。「あなたのために」というと聞こえはいいが、責任逃れのときも多い。

人を恨んでいる人は、一度辛いけれども自分の心の底を見つめることである。本当に辛いけれども、ありのままの自分を認めることである。

このままいけばもっと、もっと不満になり、もっと、もっと人を恨むことになる。このままいけばいく先は地獄である。

あなたは見えないところで人のためにエネルギーを使うような人間ではない。それはあまり質のいい人間ではない。しかし見えないところでエネルギーを使わない人間になったのにはそれなりの理由がある。生まれてから今までの間にそうならざるをえない理由があったのだろう。だからそのことで自分を責めてはいけない。責められる理由などどこにもない。それを責められたら人間は生きていけない。あなたは神様ではないのだから、それはそれでいい。

ただここで生き方を変える努力をしないと、いよいよ周囲の人々に不満になり、ますます人を恨んで生きていかなければならない。ここで敵対的性格を変える努力をするかしないかは、地獄と天国の分かれ目である。

まず自分の過去を肯定すること。そして現在の自分を受け入れること。肯定の中からエネルギーが生まれる。過去を肯定するとは、どうせ「自分は愛情のない親に育てられたからダメな人間だ」というのではなく、「あの親でよくここまで生きてきたよ」と自分を肯定することである。そして自分に対する信頼感を持っていることが必要である。

「あなたのため」ではなく、自分のために生きて、満足するから人は他人に優しくなれる。そうして満足して尽くすから他人から感謝される。恋人であろうと、同僚であろうと、家族であろうと、あなたが今のままの自分に不満な心理で人に尽くしても、効果はない。あなたの期待するものは返ってこない。期待したものと逆のものが返ってくる。

高い目標を持つこと自体が悪いのではない。いやそれはやはり勧められるべきことである。問題は高い目標を持つことの動機にある。その動機を反省しない限りいつになっても辛い人生から逃れることができない。高すぎる目標の動機は復讐であったりする。小さい頃に傷ついて、その自尊心の傷を癒すための高い目標であったりする。したがって「高い目標」の内容が問題である。

社会的にいかに望ましいことであっても、それを目指す動機が恐怖であるときには結果は望ましくはならない。努力は楽しいものではなく、ストレスになる。効果も上がらない。燃え尽きる人は社会的にも自分の位置が分かっていない。自分を知らない。だから高すぎる目標を持ち、頑張りすぎ、消耗する。自分を知らないとは別の言い方をすると自己中心的ということである。

見ていると自己中心的な人はストレスが強い。生き方が上手とか生き方が下手とかいうことがよく言われる。概して自己中心的な人は生き方が下手である。

自己中心的だから相手が自分に何を望んでいるのだか分からない。だから相手のために頑張りながらも相手との関係が必ずしもうまくいかない。

最後は「こんなにしてあげているのに」という恨みである。

そういう人は現実の人の世の中で生きているのではなく、幻想の中で生きているようなものである。

第5章

「自分のために生きる」とパラダイム・シフトが起きる

——本当の自分を認めれば、道は拓ける

1 自分を偽らない

自分は無能だと思い込む「偽名現象」の人たち

存在感喪失症状というのがある。何をしていても、それをしているという実感が湧かない。話していても話しているという気がしない。

それと偽名現象と心理的には似ている。弁護士になっても弁護士になった気がしない。教授になっても教授になった気がしない。確かに早稲田大学教授なのだけれども早稲田大学教授という気がしない。

今の自分の立場に自分はふさわしくないという感覚を持っている。

それは小さい頃から言語的表現と、非言語的表現が、矛盾して生きてきたからではなかろうか。

不幸なときに、それを幸せと無理に言い聞かせて生きてきた。その矛盾の中で感情の実感を失った。

実際には幸せを知らないからではあるが、想像では幸せを知っている。言葉では幸せを知っている。でも幸せを実際に味わったことがない。

偽名現象と言われる人たちは、成功しているのに自分の力で成功したとは感じられない。そこで何か自分は偽名でも使って生きているようなうしろめたい気持ちになる。

本当に有能でも、有能な「ふり」をしたことで、自分が有能であることが信じられなくなる。それが偽名現象である。

つまり実際の自分を隠して防衛的になることで、自己不適格感が生じる。実際の自分に罪の意識を感じる。それがさらに人に対して迎合的な態度を取らせる。

報われない努力が悪循環に陥っていく。

自分に自信がないから「自分以下」を求める

一般にナルシシストは病弱な人や実際に病気の人、あるいは知能や教育程度や家柄などで自分より劣った相手を選ぼうとするという。

ナルシシストの男達にとって、病弱である女性は自分のナルシシズムが傷つく恐怖を感じさせない。

したがってナルシシストの男にとって病弱な女性は魅力がある。彼女が病弱であることが彼の傷ついたナルシシズムにとって心地よい。病弱である女性は彼の傷ついたナルシシズムの脅威にならない。

病弱である女性は脅威にならないどころか、傷ついた心の癒やしになる。

だからナルシシストの男性にとって病弱な女性とか不幸な生い立ちの女性は魅力がある。

逆に不幸でない人は自分の自我にとって脅威である。できれば深くつきあいたくはない。

社会的に活躍している有能な女性とか、社会的に確立している立場の女性とか、名門の家の女性とかはそれだけで自我の脅威になり、深く接するなら、単に接することだけで傷つく。

あるナルシシストの夫が病弱な部下の女性と交換日記をしていた。それを奥さんが見た。「愛している、愛している」とそんなことが書いてある。ご主人は奥さんに「彼女は小さい頃から病弱であったから、彼女と友達になって助けてくれ」と言う。

ご主人も「はじめは同情のつもりでつきあった」と言う。さらにご主人は奥さんに「おまえが俺と彼女の間に入ってくれれば緩和する」と訳の分からないことを言う。

ご主人は奥さんに言う必要のないことまで言う。奥さんが聞かないことまで言う。彼は奥さんから許しを得ないと何一つ行動できない。

このご主人は奥さんと一緒になって別の女性とかかわろうとしているのである。このご主人は奥さんの前で彼女のことを話す。奥さんに聞いてもらいたいという雰囲気なのである。実はご主人は二四歳の女性への気持ちを奥さんと共有したい。「主人はいつもかわいそうだと言っている」と奥さんは言う。

この男性は病弱な部下の女性で自分の傷ついたナルシシズムを癒し、奥さんで「母なるものへの願望」を満たそうとしている。

この夫は奥さんを代理ママにして、病弱な女性を恋人にして、男としての自信を持ちたいとあがいているのである。この二人の女性は一時的に彼に男としての自信を表面的に回復させる。

一方病弱である女性は心の底で自信がないから「自分は男運の悪い女です」と言って不幸をアピールして、自分の不幸を売り物にする。不幸を手放すと誰も自分に注目をしてくれないと思うからである。彼女は自分の不幸を手放さない。

一方この奥さんは「自分を抑えて抑えて、家で母親になってしまっている」と嘆きながらも、「そうしないと家がもたない」と自分の態度を合理化する。

この奥さんは、本当は女性としての自信がないからこうしているだけである。そして奥さんはこの夫を心の底では蔑視している。この集団は性役割に自信を失った似たもの同士が群れを成しているに過ぎない。この奥さんの努力は、「自分を抑えて、抑えて、頑張って」いるのだが、まさに報われない努力である。

被責妄想という妄想がある。人から責められていないのに、いつも人から責められている感じを持つ。

親切そうにしている。防衛的性格としての親切、あたたかさ、思いやり。実際の自分はそうではないと知っている。

実際は親切ではない自分を隠すために、必要以上に親切になることがある。必要以上のサービスをしてしまう。実際の自分に罪の意識を持つからである。

2　成功・失敗で人生の価値を決めない

失敗したとき＝成功するとき

ハーヴァード大学のエレン・ランガー教授は何か失敗したとき、それは「成功するとき」のことでもあると言う。

彼女は著作にも書いているが、早稲田大学で講演したときにも次のような話をしてくれた。

「たとえばポスト・イットの話、あれは失敗したから成功したわけですよね。

あるアメリカの企業が、接着剤を開発しようとした。金をかけて開発をしたのに、接着剤は、接着しなかった。これは欠陥品である。

しかし接着剤が接着しなかったというところからポスト・イットは生まれた。」

いったん付けて、また外すことができるということがメリットであるというような視点で捉えることができたから失敗が成功につながった。

つまり、これは、視点を変えれば、失敗も成功であるという例である。

このポスト・イットは、失敗の定義から言えばまさに失敗そのものである。大変な努力の結果、予期したものが予期したものを生み出さなかったのである。

この失敗はたまたま歩いていて転んだというものではない。たまたま脇見運転をしていて事故を起こしたというものではない。

頑張った結果の失敗である。

仕事で成功、人間関係で失敗する人生

有名大学を卒業して大企業に入りエリート・コースを突っ走って、うつ病になった人の人生をどう解釈するのか？

それは成功した人生なのか、失敗した人生なのか。

学歴がなくて、貧しいけれども心のふれあいのある家族に囲まれて息を引き取っていった人の人生をどう解釈するのか。

それは成功した人生なのか、失敗した人生なのか。

「ビジネスでの成功、関係での失敗（success in business, failure in relationship）」とい

う言葉を読んだ[*54]。

人々が本来の自分を裏切ってまで必死で努力して成功しようとするのは、なぜか？それは、自分は愛されるに値しない人間であるという絶望感を避けるためでもある。「仕事で成功し関係で失敗する人」はこのような絶望感を避けようとしている。

その成功願望が、コントロール能力を破壊する。成功することに専心して、十年先に自分の環境がどうなっているかを考えない。

とにかく自分について耐えがたい感情を、今避けることに努力をする。

そのために仕事で実績をあげればいい。それがかつての猛烈ビジネスマンである。猛烈ビジネスマンという言葉は、今は昔のようにはやらなくなったが、現実は今も変わらない。それが「仕事で成功、関係で失敗（success in business, failure in relationship）」した人たちである。

日本では社会的に成功した人が、私的生活で破綻していることは珍しいことではない。フロイトは権威への努力 striving はナルシシズム的傾向の表現であると考えた[*55]。

私もその通りであると思っている。権威を得ることで、自分のナルシシズムを満たそうとしているのである。

だから権威を得ようと、本来の自分を裏切り無理をして努力する。

要するに自分に無理して頑張ってエリート・コースに乗って、その後うつ病になったような人達はナルシシストであることが多い。

自分の人生を全体として見ることができなくなっている。この努力が、のちの自分にどういう影響を与えるかを考えなくなっている。この努力によって「自分は何を得るのか」は考える。しかし「何を失うか」を考えない。

ナルシシストには人生のコントロール能力がない。

挫折して僻《ひが》んでしまった人達もナルシシストであることが多い。

この人達の人生は成功なのか、失敗なのか。

先にポスト・イットのことで、「視点を変えれば、失敗も成功であるということです」と書いた。

無理して頑張ってエリート・コースに乗っている人は、「視点を変えれば、失敗も成功であるということです」の逆で、「視点を変えれば、成功も失敗であるということです」となるかもしれない。

とにかく成功とか失敗というのは視点の問題なのである。成功とか失敗をどう定義するかの問題である。

弱点と長所も同じである。

「ゲーテが『元来われわれには長所となり得ぬような弱点も、弱点にならぬような長所もない』と言った」ことは正しいとフランクルは述べている[*56]。

アンデルセンの童話の人魚は王子さまが好きになって、魔女に足をくれと言ったところから不幸が始まる。

人魚は人魚でいいのに、彼らも自分でない自分になろうとしたところから不幸が始まった。

人魚がエリート・ビジネスパーソンである。人魚が「王子さまが好きになった」というのは、ビジネスパーソンが「成功したくなった」という心理と同じである。

そして人魚は魔女に足を求めた。それはビジネスパーソンが自分に成功を求めたのと同じである。

人魚は求めていた足を得て、不幸になった。「仕事で成功、関係で失敗」したビジネスパーソンは成功して不幸になった。

3 「現実の自分」を受け入れる

「親子の役割逆転」をする親

報われない努力をする典型的な性格はナルシシストであることはすでに述べた。

子どものほうが親に甘えることを「親子の役割逆転」と呼んでいるが、「親子の役割逆転」をする親は、ナルシシストである。

ナルシシストは他人からの賞賛を求めるが、他人の意見について考慮をしない[*57]。

「考慮しない」というよりも、単に他人に積極的な関心がない。他人から賞賛を求める気持ちが強すぎて、他人に関心がいかない。

空腹のときに目の前に好物がある。外の景色がきれいでもそちらに関心がいかない。

トイレに行きたくて肉体的には緊急事態である。そのときに目の前に、美味しいコーヒーがある。しかしコーヒーに関心がいかない。

とにかくナルシシストは他人そのものに関心がないのだから、他人の意見に関心があるわけがない。

ナルシシストは他人に関心を持てない。関心を持つ能力がない。

ナルシシストは他人に関心を持つどころではない。自分の心にもっと緊急に解決しなければならない問題を抱えている。

子どもにとって、ナルシシストの親ほど耐えがたい親はない。大人になっても親しい人はできない。自分のほうは親しいと思っている。

「親子の役割逆転」をする親は、子どもには全く関心がない。しかし自分は「素晴らしい親」だと自己陶酔している。

家族自慢をする親が誤解していること

子どもは心理的に成長するためには積極的関心を必要とする。

しかしナルシシストには他者に対する積極的関心はない。したがってナルシシストの親をもった子どもは心理的に成長できない。

とにかくナルシシストは自分に囚われている。自分の心の苦しみに囚われている。

ナルシシストの親は子どもに対する関心はない。そうしたナルシシストのいる親の家族生活が楽しいわけがない。

しかしナルシシストの親の側は「こんなに楽しい家族は世界にない」と自惚《うぬぼ》れている。

ナルシシストの親は努力していると思っている。

子どもの側が、こうした家族といるときに生きがいを感じられないということは、当たり前の話である。

ナルシシストの親は、自分の心の葛藤で精一杯であるから、子どもの喜びや悩みには関心がいかない。

そもそもナルシシストの親は子どもの喜びや悩みに共感する能力そのものがない。とにかく自分が今生きていることが精一杯であるから、現在の親子関係が子どもにとって悲劇的であることを理解できない。

親は自分が子どもから愛を搾取している恐ろしい人間であることなど想像もできない。親としての責任感など想像もできない。親という立場は重荷であり苦役であり、不公平なものとしか感じない。

ナルシシストの父親には「なんでオレだけが働かなければならないのだ」という怒りがある。そこでよく家族の者に「出て行け！」と言う。もちろん実際に家族が出て行ったら発狂してしまう。死にものぐるいで出て行くことを妨害する。

家事をしている母親も同じである。「なんで私がこんなことをしなければならないのだ」

と怒る。

親がナルシストなら、家族は形式的には家族だけれども、お互いの心の中はバラバラである。何を体験してもお互いに共感がない。心のふれあいはない。

こんな家族で、子どもが家族といるときに生きがいを感じるということはありえない。

それにもかかわらず、親は「自分の家は世界一の家族」と自惚れている。

世界の中で家族といるときに最も生きがいを感じないのは日本の若者である。

つまり日本はナルシストの親が溢《あふ》れている国なのである。

自分の心の葛藤で精一杯で、その心の葛藤に気持ちを奪われている以上、親は子育てが楽しいということはありえない。

自分が生きることに精一杯で、心にゆとりがないときに、子育てが楽しいわけがない。

子育てが楽しいという人がたくさんいれば、人々は子どもが欲しいと思うだろう。

しかし子育ての負担だけが、これでもかこれでもかと語られる今の世の中では、未婚の若い人達は「どうしても子どもが欲しい」とは思わないだろう。

ナルシストほど親に適していない性格はない。子どもはチヤホヤされながら成長する必要がある。

ところがナルシストの親は、親である自分自身がチヤホヤされたい。自分がまだあやされたい。

しかもその自分が「そういう幼稚な人間だ」と分かっていない。

だから、親が「家族は、楽しいことばかりです」と言いながら、子どもはマンションから飛び降り自殺をするのである。

弱点を隠さずに自分を好きになろう

努力が報われない人々。

まずナルシシストとか執着性格である。

執着性格は自分の嫌いな人である。劣等感が強くて防衛的性格である。

人から認められるものになるために、神経症的エネルギーの使い方をする。報われない努力である。

ナルシシストにとっては名誉で努力が報われる。しかしそれには際限がない。

燃え尽きた人の特徴。

1 弱点を隠す。

2 目的が高すぎる、非現実的に高い。復讐性があると目的を下げられない。

燃え尽き症候群の人は自分の嫌いな人である。どんなに社会的に成功していても、ささいな失敗で、自殺、無気力、なげやり人生などになる。

そして復讐的勝利だから他人がついてこない。周囲から見ると、自分一人が天国に行こうとするように思える。

努力が報われる人々。

相手を見ている人。

自分を好きな人、弱点を受け入れている人。劣等感がない。

自己実現している人である。自分の目的が定まっている。目的に近づく喜びがある。

自分を好きな人の努力は実る。あらゆる意味で適正な目的を持っている。カメはウサギと競走しない、白鳥はよい声で鳴こうとしない。適切な高さの目的を持っているから、人と親しくなれる。

悩みは長年の生活の結果である。オーストリアの精神医学者ベラン・ウルフが言うように、悩みは昨日の出来事ではない。

不摂生をして十年して健康な体でいるのが無理なのと同じである。今の悩みは十年前の生き方の結果である。

「どうして、こんなことできないの」「どうして、分かってくれないの」症候群

子どもに甘えている親は、子どもがいつも機嫌よくしていてもらいたい。しかし子どもはいつも機嫌よくしていられない。

すると「イヤだなー、その顔は、どうして、そんな顔をしているんだ」と子どもを責める。そして「どうして、こんなことできないの」になる。

そして「どうして」症候群になる。

「どうして」症候群は「親の言うことをきかないあなたは許せない」ということである。

「どうして」という言葉を使う人は要求が強い。しかしその要求は隠されている。神経症的要求を持っている人、甘えている人である。

「どうして」症候群の親は「子どもは親の何が嬉しいのか？」などとは全く考えない。

逆に「何で私の気持ちをくまないの？」と思っている。

「どうして」を言う人は、心が満たされていない。

心が満たされている親は、子どもに「どうして」とは言わない。

「どうして」を言う親は心に葛藤を持っている。しかし決して自分の心の葛藤に直面しようとはしない。

自分のことで精一杯。そのうえ素直でない。

素直でない親がどんなに子育てに努力しても子育てはうまくいかない。報われない努力になる。

親が素直でないから、子どもも言うことをきかない。

ところが「親子の役割逆転」をする親は、この「言うことをきかない子ども」が許せない。

「どうしてまだ寝ないんだ」とか「どうして勉強しないんだ」から始まって「どうしてそういう顔をしているんだ」まで「どうして」を連発する親は、実は子どもとの関係が薄い。

子どもが嫌いだけれども、子どもに嫌いと知られたくないし、子どもから嫌われたくない。

一番ひどいのは、子どもが自分の期待したとおりの反応をしないと「どうしちゃったんだ」と渋い顔をする親である。「どうして」ならまだいいが「どうしちゃったんだ」となると甘えといじめの心理が両方ある。

自分の無意識にある感情を子どもに投影する。

本当は心の底にある自分の劣等感を子どもに投影している。本当は心の底にある劣等な自分を自分が許せない。

そこで子どもに投影する。つまり「劣っている自分」が許せないのに、「劣っている子ども」が許せないになる。

投影には憎しみがある。

投影の深刻な問題は親子関係で起きるときである。

親は子どもに「どうして誰それさんのようになれないのよ」と言う。それは受け身的投影である。

「誰それさん」が、出世した叔父さんだとする。

「誰それさん」というのが、投影している人が抑圧している劣等性の部分である。

本当は、親は自分自身が叔父さんのように成功したい。しかし成功できない。その成功できない自分を許せない。

成功できない自分を子どもに投影して、成功できない子どもが許せない。

ナルシシストの親はなぜかわいい優しい子を批判するのか。

それはナルシシストの親は心の底では自分がダメだと思っているからである。

しかしナルシシストの親はそれを認めない。そしてそのダメな人間というイメージを子どもに投影する。

そして「何でおまえはそんなにダメなんだ」と子どもを非難することで、自分の心の葛藤を解決する。

子どもは偉大というほどよくやっている。しかし「よくやった」とほめられたことがない。猫なら爪を取られた状態である。

もともと優しいところをナルシシストの親にやられた。

ナルシシストの親はその優しい子ども以外の子どもには迎合するのである。

親が「親子の役割逆転」をできるのは、子どもが優しいときである。

親の投影はいじめである。

いじめられたほうは深刻な劣等感に苦しめられる。

大人でもお節介で欲求不満な人が、相手がしているどうでもいいようなことなのに、けちをつける。それを目くじら立てて「あなたは誠意がない」というような言い方をする。

実は誠意が無いのはまさに誠意が無いと相手を責め苛んでいる人、その人自身である。

「人間としての誠意」とか「人間としての愛」とかその場に不釣り合いなすごいことを持

ち出す。

その非難しているその人が、最も誠意や愛を欠いている。しかしその人自身はとてもそれを認めることなどできない。

自分が認めることのできないことを、無意識に抑圧する。そして抑圧した感情を相手に投影する。

投影は言っていることは立派。しかし投影はいじめである。

いじめられたほうは深刻な劣等感に苦しめられる。


親が「どうして」症候群にかかってしまうと、家の中が暗くなる。喧嘩はないけど、笑いがない。

家の中に不平不満が充満している。それが憎しみに通じていく。しかもその不平不満の感情を表に出せない。

従って親はお茶碗の音一つでもいらつく。子どもが階段を上ってくる音にイライラする。

そして「どうして静かに上がってこないの」になってしまう。

私がこんなに愛しているのに、「どうして分からないの」になる。

「親子の役割逆転」をする親は「どうして子どもは、美味しいって言ってくれないんだろう？」と考えないで、ただただ面白くない。

「どうして」と言いたい親は、子育てはできない。

「どうして」症候群の「どうして」は、相手を分かろうと思って「どうして？」と聞くのとは違う。

そして子どもは自己憎悪になり、生きることを楽しむ能力を失う。

子育てに失敗した親は、努力していることが多い。もちろん全てではないが、報われない努力をしていることが多い。

4 他人に合わせる生き方をやめる

見栄を張らないこと

ヒステリー性格。

人を踏みにじることになんの心の痛みも感じない人がいる。

人を犠牲にして生きていきながら心の痛みがない。平気で人の苦しみを見ていられる。

自分が得するために人を傷つけることになんの心の痛みも感じない。自分が人を傷つけていること自体に気がついていない。

虚栄心の強い人は、独りよがりの価値観で頑張ることが多い。周囲の人の共感は得られない。それで自分の努力は報われない努力であると嘆く。

ヒステリー性格の人は、報われない努力をする人の典型的な例の一つである。

要するに他者がいない。人の痛みが分からない。人のしている努力が分からない。

それで「なんで自分だけがこんなに苦しいのだ」と思う。周りの人はもっと苦しいかもしれないとは想像もしない。

演技をしないで生きる

ヒステリー性格の人は経験が大切。

「どこそこに行った」とか「こんな偉い人と出会った」とか「こんな有名な食べ物を食べた」とかいう経験が大切。

そこで「誰と」話をしたということが抜けている。誰と話して時間を忘れて楽しかったとか、その人との心のふれあいが抜けている。

毎日演技をして生きていたら、人と心はふれあえない。だからいつも後ろを振り向いて生きているのだが、心のふれあいはできない。

一生懸命生きるとは演技でなく生きるということである。

ヒステリー性格の人は、癖のある人である。表面はいい人なのだけれども一緒にいて疲れる人である。本当はいい人ではない。

アメリカ・インディアンも、「お金を求めはじめたとき」に心が崩れていった。

どういう人が、心が崩れていくかというと、ヒステリー性格の人である。

したがって見栄を張って努力するのだけれども、報われない努力になる。

生きるエネルギーを自分に向けてみよう

一般的に言うと、報われない努力をしている人は「持ちすぎている」。自分の能力を考えないで、状況も考えないで、「欲しい」という幼児的願望に従って、生きてしまう。

つまり何をするにも準備をしないで、後先を考えないで、その場の願望で生きてしまう。

別の言葉を使えば、コントロール能力がない。自分の人生をきちんと管理できていない。その意思もない。

物事がうまくいっているときにはいいが、ちょっと不運になるとたちまち総崩れになる。今までの努力が全て水の泡になる。

あらゆる種類のプレッシャーは我々の建設的なエネルギーを容易に、非建設的、あるいは破壊的なエネルギーに方向転換させることができる[*58]。

要するに、人にはエネルギーはある。問題はそのエネルギーをどの方向に向けるかということである。

エネルギーをマイナスのエネルギーに変えるプレッシャーを見極めることである。

報われない努力を報われる努力にかえることである。

カレン・ホルナイは、神経症者は自分のためのエネルギーがないと言う。

「エネルギーに方向転換させる」プレッシャーは何か？　これを理解できれば、幸せへの道は拓ける。

我々は怒りの感情に負けてしまうことが多い。怒りは生きるエネルギーを非生産的なことに向けてしまう。「エネルギーに方向転換させる」プレッシャーである。

長年米野球界に携わってきて、選手育成部長を務めた経験のあるカール・キュールは野球選手にとって精神的たくましさがなぜ重要なのか、精神的たくましさとはどんなものなのか、そしてそれはどうすれば身につくのかを詳しく解説した著書がある。[*59]

怒りにとらわれる選手は弱い人だとみなされる。

一九九九年、レッドソックスのペドロ・マルティネスはウォーミングアップ中、相手チームのファンからひどい野次を投げつけられたが、気を散らさず、感情をエネルギーに変えてゲームを支配した。

批判を押さえ込むには、素晴らしいプレイに代わるものはない。怒りをぶちまけるのは簡単だ。しかし敵意にはプロのマナーで対処しなければならず、それには勇気、鍛錬、自信が必要だ。著者はこう述べている。

怒りを「生産的」エネルギーに変える方法

自我価値の剥奪が起きて怒り心頭に発しているときに、「この自分の怒りのエネルギーは生産的か？」と自分に問いかけてみることである。

怒れば怒るほど怒りの対象である相手にとって有利な状況がつくり出されるだけだと気がつくに違いない。

怒りで眠れないときにも、自分にたずねてみる。

「今、自分は生きるエネルギーを無駄にしていないか？　こんな非生産的な構えで残りの人生を無駄にしていていいのか？」と。

あるいは「今、自分には怒る以外に何か生産的なことをすることがあるのではないか、今怒り心頭に発している自分が、生産的構えになるということはどういうことか？」と考える。

けなされても自分に価値があると思っている人がいる。

けなされても自我価値の剥奪がない人がいる。

性格は特殊な形をとる。エネルギーが生のはけ口をみつけることによって表れてくる。[*60]

とにかく怒りを生産的エネルギーに変える。それを見つけられるか見つけられないかが、生きるか死ぬかの分かれ道である。

生きるエネルギーを失うのは、自分自身の人生を生きていないときである。

自分に頼るには二つの確かな特徴があるとジョージ・ウェインバーグは言う。

一つは自分を信じることであり、次は生きるエネルギーである[*61]。

この二つは生産的構えで生きている人にも通じる。

自分に頼って生きるためには自分を信じられなければならない。

自分を信じられる人は、ごまかしのない生き方をしてきた人である。自分に誇りを持っている人は、損をしてきた人かもしれない、騙された人かもしれない。でも心のふれあう信じられる人がいる。

非生産的いい人とは、人にいい人と思われるために生きるエネルギーを使う人であり、生産的構えで生きている人は、自分の潜在的能力を発揮するために生きるエネルギーを使う人である。

自分の生きるエネルギーの使い方で、生産的いい人になるか、非生産的いい人になるかが決まる。

自分の成長のために、社会のために自分の生きるエネルギーを使う人が生産的いい人である。

しかしこれは口で言うほど簡単なことではない。社会のために自分の生きるエネルギーを使うためには心理的成長が必要条件である。利己主義者には絶対にできない。

心がふれあえない人は他人との戦いに勝っても自分との戦いに負けている。

頑張って、頑張って働いても、その後には懐かしい思い出も、かけがえのない人間関係も、お金も何も残らない。

無理をして、さらに無理をして相手に尽くして、心の中には何も残らない。ただ消耗する。残るのは心身ともに消耗だけである。虚無感だけである。

報われない努力をする人は、死ぬまでずるい人の「カモ」であり続けることが多い。

あなたが気に入った人物は、要注意人物。

もし、あなたにとって、今、生きることが辛いなら。

これは繰り返し述べてきた、フロムが言う神経症的非利己主義の心理であり症状である。

正に神経症的非利己主義者のしていることが「非生産的なよい人」のしていることである。

誰とも心のふれあいがないままに時を過ごしている。頑張っても、心の支えになるような過去の体験がない。一緒に長い時間を過ごしても後には何も残らない。

フロムは「生への憎しみが徳という仮面をかぶって登場したのが神経症的非利己主義である[*62]」と言う。

非利己主義と利己主義は、行動特性は違うが性格特性は同じ神経症者という場合があることを人々はなかなか理解していない。

「非利己主義という正面像の陰には、巧妙にではあるが、強い自己中心性が隠されている。[*63]」

非利己主義は非利己主義であるが、それは相手に気に入られるために非利己主義である。いい人と思ってもらうための非利己主義である。包装紙は非利己主義であるが、中身は神経症である。

神経症的傾向の強い人が、好かれようとして無理をして自分自身を裏切って行動するのが神経症的非利己主義である。

無理をして努力するのだが、最後には努力が報われない。

さらにその症状はフロムの言うごとく疲労、抑うつ、愛の関係の失敗などである。

心の底は利己主義者なのに、無理をして非利己的に行動するから芯から疲れる。

本当に非利己的な人は疲れない。努力の後に充足感を覚える。

自分の身の丈に合わせて生きる

心を強くするためには生きるエネルギーの使い方を考える。

生きるのが辛い人は、今の自分の状態はもしかすると次のようなことではないか。

カニが自分の甲羅《こうら》に合わせないで穴を掘ってしまい、アップアップ言っている状態。

何をするにも後先のことを考えない。準備をしない、これをしたらその後はどうなるかを考えない。

しかし覚悟をして自分を見つめ直して、今の立ち場がもしかすると自分の器以上かもしれないと思いだせれば、周囲の世界は違って見えてくるかもしれない。するとその感じ方が心を落ち着かせる。

小さな魚がわざわざサメに食べられるために、サメのいる海に出かけて行くことはない。

「身のほどを知らない」ということが、あるマイナスの感情に支配されてしまうということである。「身のほどを知らない」は、報われない努力の原因の場合が多い。

先に書いたコントロール能力のない人である。

つまり権力や財産を築くのに頑張る。スペインに城をつくるのに頑張ってしまう。しかしその目的達成のための意志はその人の心を破壊する。社会的にも周囲と適応できなくなる。

今の自分の能力と環境でスペインに城をつくったらどうなるかを考えない。

どうしても生産的になれない人は、何か重要な自分の感情を認めていない。何をするにも、優越のための密かな目的が隠されていることが多い。

ある七〇歳の女性である。

娘は結婚して子どもがいる。

孫がかわいい。

父親が孫を虐待していると主張する。

娘である母親が、「助けを求めているのか？」と聞くと、娘は何も言っていない。

逆に「お母さんは、もう家に入ってこないでくれ」と言っている。

この七〇歳の女性は、淋しいから娘の家族に絡んでいるだけである。

しかしこの七〇歳の女性は、「私は淋しい」ということを認めない。

そして「孫を引き取りたい」と言う。

それを孫への愛情という。

このような合理化をしている場合には、自分が自分の本当の感情を認めていない。つまり自分が自分とふれていない。

自分が自分とふれていないのに、他人とふれられるわけではない。

生産的構えの人になる条件は、こうした不安の消極的回避をしないことである。この場合でいえば「私は淋しい」と認めることである。

それを父親が虐待しているから、孫を引き取りたいと合理化するから幸せになれない。

じつは、このような愛という仮面をかぶったサディストはかなり多い。

本当に怖いのは悪魔の顔をした悪魔ではない。美徳という名前の悪魔である。

日本人を不幸にしているのは、この美徳という名前の悪魔である。

今この七〇歳の女性が思っているよりも、もっとたくさん生きる道はある。「これしか生きる道はない」と思うから彼女は苦しいのである。「こちらの道もあった」と気がつけば幸せになる。

不安な人の行為は、他人と協力するのではなく、他人に優越することである。

ヒステリー性格者は、自分が変わることでしか救われない。しかし自分が変わるのはイヤだ。でも救うのは救ってくれと言う。

あとがき

過ちには社会的過ちと心理的過ちがある。抑圧的対処者は社会的過ちをおかしていなくても、心理的過ちをおかしている。

心理的成長を伴わない社会的な努力は、報われない努力になることが多い。

最終的に、人と心のふれあいがない人の努力は、報われない努力になる。

人と心のふれあいがある場合の努力は報われる努力になる。目に見える努力の成果があるかどうかは別である。

人との関係も同じである。現実のその人といつも会わなくても、心の支えになる人がいる。

毎日職場で会っていても、心のふれあいがない人は、会わなくなれば、遠い他人になる。

会っているときには利用し合う関係だったからである。

ずるい人、搾取タイプの人などの出会いが、いくら多くても、全体的に見て努力は報われない努力でしかない。

逆もある。会わなくなっても心の支えになる人がいる。

我々は報われない努力、報われる努力という。

何を持って「報われた」と感じるか？

もちろん年齢によって違うだろう。

この本では「報われる」と書いたときには一般的には、一つは意識と無意識の乖離がないこと。次は心がふれあう仲間がいることである。

一生懸命努力して、社会的には成功者と言われるようになった。なんとか有名会社の役員になった。

このことを報われない努力と感じる人もいるだろうし、感じない場合もあるだろう。

社会的には一生懸命働いて、なんとか生活は成り立っている。しかし望む生活のレベルとは程遠い。このような場合でも報われない努力と感じる人もいるだろうし、感じない場合もあるだろう。

こんなに努力したのに、こんなひどい目にばかり遭う。こんなひどい人に会うばかり。

騙されて連帯保証人になり、全ての財産をなくした人は多い。自分の運命は悲惨な運命と神を憎んでも無理はない。

しかし、ではその人と接しているときに、そのひどい人たちと別れる機会はなかったのか？

あったに違いない。相手の正体を見抜く機会はあったに違いない。相手の正体を見抜けなかったのは、こちらの「人を見抜く能力」の欠如である。

権威主義の家で服従依存の関係で成長した。心理的な成長は望むべくもなかった。その通りであろう。

しかしその人だって、その監獄のような家を出る機会はなかったのか？

もしかしたら、家を出る機会はあったかもしれない。

またそのような人と出会う機会があったかもしれない。服従依存の関係を断つ機会はあったかもしれない。

ベラン・ウルフの言うように、悩みは昨日の出来事ではない。

今の悩みの原因は十年前の自分の心の葛藤かもしれない。

一生懸命に真面目に努力して生きてきた。でも恋愛や結婚に失敗した。それまでの努力は報われない努力と感じるかもしれない。

しかしそのタチの悪い異性に出会ったときに、もしチヤホヤされることが嬉しくなければ、Ａという人と恋愛関係にはならなかったかもしれない。まして結婚には陥っていなかったかもしれない。

深刻な劣等感がなければ、もっとまともな人と恋をしていた。違った人と結婚していたかもしれない。

今の悩みは、昨日の出来事ではない。

やはりタチの悪いずるい人に騙されて結婚したのは、そのときのその人の心の病が原因かもしれない。

それを認めれば、明日の道は拓ける。

こんなに愛したのに、こんな親不孝な子どもができた。

ベラン・ウルフの言うように「今の悩みは、昨日の出来事ではない」と認めなければ、いつまでも人を恨んでいる。

不幸になるだけの努力がある。

それをやめれば幸せになれる。

でも不幸になるだけの努力をやめられない。それは不幸依存症である。

頑張って不幸になるだけの努力をやめようとしてもやめられない。

それはアルコール依存症の人がアルコールをやめられないのと同じである。

自我価値の崩壊をやめようとして必死の努力をする。「本来の自分」に向き合う危険を避ける。無意識に劣等感がある。

不幸になるだけの努力をやめる、その勇気をもてば幸せになれる。

人は皆幸せになりたいと願っている。その気持ちに嘘偽りはない。

しかし幸せになりたいという願望よりも、不幸になる魅力は、はるかに強烈である。

人に意地悪をしては幸せになれないと誰でも分かっている。人の幸せのために働くことの気分のよさが自分の幸せになると誰でも分かっている。

でも不満なら人をいじめる魅力に勝てない。

不幸な人は、人の幸せを願う気持ちよりも嫉妬、妬《ねた》みの気持ちが強い。

それがどんなに茨の道でも、人は不幸になる道を選ぶ。そして不幸になる。自分で自分が不幸になりながら、さらにそこでまた人を恨む。そしてさらに不幸になる努力をする。

自分で不幸にしがみつきながら「私は幸せになりたい」と言う。

とにかく自分の無意識にある憎しみに気がつくことが幸せになる出発点である。

それを認めなければ、死ぬまで不幸である。死ぬまで不幸になるだけの努力を続ける。死ぬまで報われない努力を続ける。

ある婦人は息をうんと飲み込んで、自分の腹部を膨らまして、夫と三人の婦人科医に妊娠していると思い込ませた。こんな話がベラン・ウルフの神経症の話に出ていた。こんなことをしても何もならない。しかし神経症になるとこのように無益なことをする。

自分を偉く見せても何もならない。でも自分を偉く見せたがるのが神経症者である。報われない努力をしたくない。しかし人は報われない努力をする魔力に勝てないことが多い。

一日中大好きな仕事をやった日と退屈で骨の折れる仕事をやった日では、疲れ方が全く違う[64]。

しかし多くの人は、退屈で骨の折れる仕事を選ぶ。無意識の憎しみに勝てないからである。自分の生き方がそうした生き方だとは気がついていない。

これからの医者は患者の体ではなく、心を診察して診断を下すようになるだろう[65]。

他人からの承認という報酬目あてに自分の命を売ってしまった人が多い。「評判や権力ほしさに、あるいはもっとたくさんお金を稼ぐために、もっと大きな獲物を手に入れるために、利己的な目的のために、何もかも売りはらってしまった。[*66]

仕事のしすぎで自分の名前まで忘れたという話がマーデンの著作に出ていた。[*67]

「野心につき動かされて働き過ぎて死ぬことになる。[*68]」

患者がみつけたいのは、これまでの生活を続けさせてくれて、なおかつ病気をなおしてくれる医者だ。[*69]

そんな医者は人類の歴史上にはいない。これからも未来永劫《えいごう》にいないだろう。

頑張って生きてきたのに、人生が行き詰まったときに、さらに頑張って乗り切ろうとするのか、それとも方向性を変えるのか？

それが幸福、不幸の分かれ目である。

どちらが正しいかはわからない。

しかし今までの努力が報われない努力であったとすれば、方向性を変えるメッセージかもしれないし、もう一度頑張ってみる機会かもしれない。

しかしいずれにしろ闇雲に頑張って生きるのが正しいわけではない。

自分の脳の適性にあった生き方をすればいいのだ。今までは自分の適性に合っていなかったのかもしれない。

今までの努力は自分の適性に合わない生き方をしていたに過ぎないかもしれない。

動機に注意をしながら、適性に合った生き方をしていれば、人生が行き詰まった、と思って悩むことは少ない。

視点を増やす。そうすれば自分のしてきたことのすごさに気がつくこともある。

人生が行き詰まったときには、パラダイム・シフトのときである。

誰の人生にも、健康を害したり、せっかくの仕事を失ったり、さらに人間関係がうまく行かなくなったりすることがある。

今の困難は、自分の自我が確立されていないというメッセージと受け止めれば、そこで多くを望まなくなる。

カニが自分の甲羅に合わせないで穴を掘ってしまい、アップアップ言っている状態と受け止める。

自分は今の立ち場がもしかすると自分の器以上かもしれないと思い出す。すると今の感じ方が変わって心を落ち着かせるかもしれない。

小さな魚がわざわざサメに食べられるために、サメのいる海に出かけて行くことはない。身のほどを知らないということが、あるマイナスの感情に支配されてしまうということである。

熱帯に適した植物もあるし、寒帯に適した植物もある。若い頃はいろいろと挑戦して、自分が何ものであるかを知ることは大切である。しかしどこかで自分を知らなければ挫折する。

私はアメリカのある格言集を『名言は人生を拓く』というタイトルで訳した。その名言集に「毎日腕立て伏せを百回すること。朝五十回、夜五十回」というのがあった。そこに私は次のような解説を書いた。

自分の体力に合わせてすること。目安がないと「やった！」という実感がないから目安を設けることはいい。しかし無理に百などという数字に固執しないことである。自己不在な人ほど目安に固執する。

子どもにこのようなことを要求するときには、ことに子どもの体力を考えること。神経症的な親は子どもに無理を要求する。

もう一つの格言は「道に迷ったら、それを認めて道順を尋ねること」である。それには次のような解説を書いた。

これは人生に当てはまることを忘れてはならない。自分が今社会の中で何処の位置にいるかが分からないで、頑張って努力している人もいる。なかなか周囲の人に受け入れられない。努力する割には報われない。また心が目的を失ってしまっている人もいる。

私は学生時代ワンダーフォーゲル部という山登りの部に入っていた。そのときの教えの一つは「迷ったら元のところにもどれ」である。

心理的にも同じことが言える。悩んでいる人は心理的成長がどこかでストップしてしまっている。それからの人生は間違った道を一生懸命歩いている。懸命に頑張って報われない努力をしている。その自分の情緒的未成熟を認めることができるかできないかである。

努力が報われない人は自分の心の中をもう一度本気で見つめることである。母親が脱毛症の子に対して「この子は嫌い」と心の底で思ったら脱毛症は治らないという。

心の底で優しくない人が必死で子育てをしてもその努力は報われないことが多い。

そして「私はこんなに努力しているのに」という恨みがましい嘆きである。
問題は努力不足ではない。問題は表面に現れた現象のところにあるのではない。問題はもっと見えないお母さんの心の核の部分にある。

別の言い方をすれば、心の核ができていない人の努力は報われない。人間の心の中がスカスカなのである。心の空洞化である。人間がドーナッツみたいになっている。

それなのに「持続力がない」と焦る。これは自分に対する非現実的期待である。

こうして悩んでいる人は、受験生で言えば結構成績良いはずである。だから休めばまたやる気も出てくる。

頭が焦って何かをしようとしているが、体がイヤだと言っている。だから、休めばいいのに欲張りが心の習慣になっているから休めない。自分の神経症的プライドが休むことを許さない。

頭が焦っている。成績が悪いと嫌われると思っている。

そして「休め」というメッセージを無視する。体がイヤだと言っている。でも偽りの自分のプライドが許さない。

全て半端に終わっている。欲張りだから。

でも、もうエネルギーがない。欲張りにはエネルギーがない。既にスチューデント・

アパシーの心の状態である。

周囲の人から遊ぶ人間と思われたくない。

怠けたら認めてもらえないと思っている。怠けたら嫌われると思っている。

あなたは「いい高校生、いいビジネスパーソン、いい母親」などを演じ過ぎることで疲れている。

そういう人は「自分がいい高校に行っていることで、よくない高校に行っている高校生を馬鹿にしていませんでしたか？」

この「人を蔑む気持ち」があると「あの人のようになってはいけない」という恐怖から、無理をして勉強する。

「レベルの低い大学に行ったら人から馬鹿にされる」という恐怖から適性を無視して勉強すれば、無気力になる。

この「人を蔑む気持ち」が、報われない努力をする人の焦りや無気力の本当の原因である。この気持ちがある限り間違った姿勢で努力しすぎるから無気力になる。

疲れてもほんの小さなことをするすごさを認めていない。少しの努力だけでもすごいことである。

「人を蔑む気持ち」が消えればそれが理解できる。

様々な不満が心の底にある。その心の底の不満に日常生活が支配されている。もう心はほとんど壊れている。

だから意識の上で「こうしよう」と思ってもなかなか「こう」できない。

心の底に不満があるから、「そう」しまいと意識しても「そうしないではいられない」という気持ちになる。心の底の不満がその人の意識的な意図に反して満足を求めている。その無意識の不満の影響で人は強迫性に苦しむ。

「そうしまいとしてもそうせざるをえない」し「気にすまいと思っても気になる」。

もし多くのことができなくても、それがその人の力なのである。自分の力以上を望むのはノイローゼである。

だから意識の上で「こうしよう」と思ってもなかなか「こう」できない。

心の底に不満があるから、「そう」しまいと意識しても「そうしないではいられない」という気持ちになる。心の底の不満がその人の意識的な意図に反して満足を求めている。

だからそうしまいとしてもそうせざるをえない。

無意識では、今と違った生き方をしたかったのかもしれない。

「あなたは実はこんなことがしたいことはありませんか？」

① 目的なく何かをしている。自分の周囲の人から期待された大学でなく、行きたい大学を決めなさい。それに向かって勉強を始める。

② あるいは非現実的期待を持っている。周囲の世界が、それ以外に認めてくれないと一人で勝手に思い込んでいる。そして魔法の杖を求めている。

悩んでいる人は、心が傷ついているというのではなく、心が壊れている。

「私は傷ついている」と言うが、正確には、悩んでいる人は「私は心が壊れちゃった」である。

悩んでいる人は、壊れているということを気がついていない。

お茶碗が壊れていれば、水は漏れる。その漏れた水に執着する。漏れた水を悔やむ。失ったものに執着する。

壊れているのだから、なくなるのは当然だと思えばよい。

あなたの心が壊れているのだから、漏れるのは当然である。

壊れたお茶碗が神経症。報われない努力が当たり前のこと。

もういい。休む。十分に間違った道を走り続けた。

あなたは壊れた茶碗。

世界中の富を得ても、満足しない。皆壊れた心からこぼれてしまう。


今生きるのが辛い人、生きることに疲れた人が、生きがいをもつことに必要なのは、パラダイム・シフト。

パラダイム・シフトするためには、心を変えることであるが、まず行動と動機を変えることから始めることである。

ジョージ・ウェインバーグによれば、彼が活動の塊を捨てれば変わるのは知覚の仕方。人々が優しく見える。

この本も今までの本に続いて野島純子様にお世話になった。粘り強く励ましてくれたことに紙面を借りて感謝を表したい。

加藤諦三

注

＊1　Erich Fromm, The Art of Loving, Harper & Publishers, Inc.1956. 愛するということ、懸田克躬訳、紀伊圀屋書店、一九五九年、八六頁
＊2　前掲書、一九五九年、八六頁
＊3　Karen Horney, Our Inner Conflict, W.W.NORTON & COMPANY, 1945. p.291-292
＊4　Erich Fromm, The Art of Loving, Harper & Publishers, Inc, 1956, p.52. 愛するということ、懸田克躬訳、紀伊圀屋書店、一九五九年、八五頁
＊5　Howard Gardner, Creating Minds, Basic Books, 1993, p.313.
＊6　Nathan Leites, Depression and Masochism,W.W.NORTON & COMPANY, Inc., 1997, p.95
＊7　George Weinberg' Self Creation, St. Martin' s Press Co., New York, 1978. 自己創造の原則、加藤諦三訳、三笠書房、一九八四年、二〇頁
＊8　Karen Horney, Our Inner Conflicts, W.W.NORTON & COMPANY, 1946.PP. 291-292
＊9　Karen Horney, Neurosis and Human Growth, W.W.NORTON & COMPANY, 1950.p.37
＊10　ibid, p.38
＊11　Dale Carnegie, How to Stop Worrying and Start Living, Pocket Books New York,1944, p.98, 道は開ける、香山晶訳、創元社、一九五九年、一三三頁
＊12　Self-efficacy beliefs regulate human functioning through 4 major processes: cognitive, motivational, affective, and selection processes. Efficacy beliefs are the product of a complex process of self-persuasion that relies on cognitive processing of diverse sources of efficacy information.
＊13　Abraham H. Maslow, Toward a Psychology of Being. 完全なる人間、上田吉一訳、誠信書房、昭和三九年、八九頁
＊14　前掲書、二三一頁
＊15　前掲書、八九頁
＊16　Karen Horney, Neurosis and Human Growth, W.W.NORTON & COMPANY, 1950, p.43
＊17　クルト・リース、ゲッベルス、西城信訳、図書出版社、昭和四六年、二七頁
＊18　前掲書、二七頁
＊19　吉松和哉、精神分裂病者の自我に関する一考察、分裂病の精神病理4、東京大学出版会、一九七六年　三五頁
＊20　Frieda Fromm-Reichmann, Psychoanalysis and Psychotherapy, 1959. 人間関係の病理学、早坂泰次郎訳、誠信書房、三六九頁
＊21　Erich Fromm, The Art of Loving, Harper & Publishers, Inc.1956. 愛するということ、懸田克躬訳、紀伊國屋書店、一九五九年、八六頁
＊22　前掲書、八六頁
＊23　Karen Horney, Our Inner Conflicts, W.W.NORTON & COMPANY, 1945.PP. 291-292
＊24　Erich Fromm, The Art of Loving, Harper & Publishers, Inc, 1956, p.52. 愛するということ、懸田克躬訳、紀伊國屋書店、一九五九年、八五頁

*25 神谷美恵子、生きがいについて、みすず書房、一九六六年、二三三頁

*26 Erich Fromm, the Sane Society, Rinehart & Company, Inc., New York/Toronto. 正気の社会、加藤正明、佐瀬隆夫、社会思想社、昭和三三年、二三一頁

*27 Karen Horney, Our Inner Conflicts, W.W.NORTON & COMPANY, 1945.291-292

*28 Erich Fromm, The Art of Loving, Harper & Publishers, Inc, 1956' 愛するということ、懸田克躬訳、紀伊國屋書店、一九五九年、八四頁

*29 The 'unselfish' person 'does not want anything for himself; he lives only for others' is proud that he does not consider himself important. Erich Fromm, The Art of Loving, Harper & Publishers, Inc.1956 ,pp.51-52

*30 Erich Fromm, The Art of Loving, Harper & Publishers, Inc.,1956. 愛するということ、懸田克躬訳、紀伊國屋書店、一九五九年、八四頁

*31 George Weinberg' Self Creation, St. Martin's Press Co., New York, 1978. 自己創造の原則、加藤諦三訳、三笠書房、一九八四年、九七頁

*32 Alfred Adler, Understanding Human Nature' New translation by Colin Brett, Hazelden, 1998, p.39

*33 Toward a Psychology of Being, p.60. 完全なる人間、八〇頁

*34 Erich Fromm,Escape from Freedom, Avon,1965,p.184

*35 ibid., p.184

*36 ibid., p.184

*37 Erich Fromm, The Art of Loving, Harper & Publishers, Inc.1956 . 愛するということ、懸田克躬訳、紀伊國屋書店、一九五九年、八六頁

*38 Neurosis and Human Growth, pp.19-20

*39 Erich Fromm, Escape from Freedom, Avon.1965, pp.166-167

*40 Dan Kiley, The Peter Pan Syndrome. A Corgie Books, 1984, p.16. ピーター・パン・シンドローム、小此木敬吾訳、祥伝社、昭和五九年、四五頁

*41 Erich Fromm, Escape from Freedom, Avon, 1965, p.183

*42 Beran Wolfe, How to Be Happy Tough Human, Farrar & Rinehart Incorporated, 1931. どうしたら幸福になれるか、下巻、周郷博訳、岩波書店、一九六一年、九〇頁

*43 George Weinberg' Self Creation, St. Martin's Press Co., New York, 1978. 自己創造の原則、加藤諦三訳、三笠書房、一九七八年、一九頁

*44 前掲書、一九頁

*45 前掲書、一九—二〇頁

*46 前掲書、四〇頁

*47 Karen Horney, Neurosis and Human Growth, W.W.NORTON & COMPANY, 1950.p.193,312,315

＊48 ibid., p.315
＊49 Tatarkiewicz, Analysis of Happiness. こう考えると生きることが嬉しくなる、加藤諦三訳、三笠書房、一九九一年。
＊50 George Weinberg' Self Creations, St. Martin' Press Co., New York, 1978. 自己創造の原則、加藤諦三訳、三笠書房、一九七八年、二五八頁
＊51 前掲書、二五八頁
＊52 前掲書、二五八―二五九頁
＊53 Rollo May, The Meaning of Anxiety, W.W.Norton & Company, Inc. 1977. 不安の人間学、小野泰博訳、誠信書房、昭和三八年、一一五頁
＊54 Hostile silence, p.14, Sleeping with my husband become as strained as our waking moments. p.14, If he tried touch me, I frozen, p.15 success in business but a failure in relationships, p.17
＊55 Karen Horney, The Neurotic Personality of Our Time, W.W.NORTON & COMPANY, 1964, p.187
＊56 時代精神の病理学、フランクル著作集3、宮本忠雄訳、みすず書房、昭和三六年、二〇六頁
＊57 Narcissism and Sensitivity to Criticism: A Preliminary Investigation, Gordon D. Atlas & Melissa A. Them, Published online: 16 February 2008, Springer Science + Business Media, LLC 2008, p.63
＊58 Karen Horney, Neurosis and Human Growth, W.W.NORTON & COMPANY, 1950, p.15
＊59 Karl Kuehl' Mental Toughness A Champion's State of Mind' Ivan R. Dee'2005
＊60 Erich Fromm, Man for Himself, Fawcett World Library, Inc.1967. 人間における自由、谷口隆之助、早坂泰次郎訳、創元新社、昭和三〇年、七六―七七頁
＊61 George Weinberg & Dianne Rowe, Will Power!, ST. Martin's Press in New York, 1996, p.88
＊62 Erich Fromm, The Art of Loving, Harper & Publishers, Inc,1956. 愛するということ、懸田克躬訳、紀伊國屋書店、一九五九年、八六頁
＊63 前掲書、八五頁
＊64 Orison Swett Marden, Making Friends With Our Nerves. 心の疲れをいやす生きかた、加藤諦三訳、三笠書房、一九九七年、四〇頁
＊65 前掲書、二六頁
＊66 前掲書、二　頁
＊67 前掲書、五六頁
＊68 前掲書、五二頁
＊69 前掲書、六八頁

著者紹介

加藤諦三　心理学者。1938年生まれ。東京大学教養学部卒業。同大学院修士課程修了。現在、早稲田大学名誉教授、ハーバード大学ライシャワー研究所客員研究員。日本精神衛生学会顧問（元理事）。ニッポン放送系ラジオ番組「テレフォン人生相談」のレギュラーパーソナリティーを約半世紀つとめている。ベストセラー『自分に気づく心理学』『心の休ませ方』（以上、PHP研究所）ほか、『怒ることで優位に立ちたがる人』『「めんどくさい人」の心理』『「自分の働き方」に気づく心理学』（以上、小社刊）など、心理的側面からよりよい生き方のヒントを与える著書多数。約80冊の著作が海外に翻訳されている。

加藤諦三ホームページ
https://www.katotaizo.com/

他人《たにん》に気《き》をつかいすぎて疲《つか》れる人《ひと》の心理学《しんりがく》

2021年3月20日　第1刷

著　　者　加《か》藤《とう》諦《たい》三《ぞう》
発 行 者　小澤源太郎

責任編集　株式会社 プライム涌光
電話　編集部　03(3203)2850

発 行 所　株式会社 青春出版社
東京都新宿区若松町12番1号 〒162-0056
振替番号　00190-7-98602
電話　営業部　03(3207)1916

印　刷　共同印刷　　製　本　大口製本

万一、落丁、乱丁がありました節は、お取りかえします。

ISBN978-4-413-23196-1 C0030